音声起こし技能テスト® 過去問題集①

音声起こし活用推進協議会

■目次

教材ファイルダウンロードのご案内……3　本書の構成と使い方……4

第1章 『音声起こし技能テスト』の概要を理解しよう……5

『音声起こし技能テスト』の概要と得点の目安／『音声起こし技能テスト』要項

『音声起こし技能テスト』の流れ

第2章 『音声起こし技能テスト』受験の準備……9

音声起こしに必要なもの／音声起こし用再生ソフトの使い方

音声起こしの基本的な作業方法／聞き取りとタイピングの上達法／ネット検索の上達法

一般常識と言葉の知識を身に付けるには／表記について／音声起こしの「仕様」とは

第3章 知識編・実技編の内容と例題……21

知識編の出題分野……22　知識編の解答手順……23

知識編の第1領域～第6領域の内容と例題……24

実技編の出題形式……27　実技編の解答手順……28　実技編の採点Q&A……29

実技編の例題……31

知識編　例題の解答と解説……33　実技編　例題の解答と解説……34

第4章 過去問題……35

試験時の注意事項……36

第1回テストの過去問題……37

第1回テストの解答と解説……43

実技編　第1回を採点しながら、採点方法を理解しよう……56

第2回テスト①の過去問題……57

第2回テスト①の解答と解説……63

第2回テスト②の過去問題……76

第2回テスト②の解答と解説……82

関連書籍紹介……95

■教材ファイルダウンロードのご案内

本書専用の教材ファイルをダウンロードして使用することができます。
教材ファイルは、下記の方法でダウンロードしてお使いください。

① 『音声起こし技能テスト』のWEBサイト（http://onseiokoshi.org/）で「技能テストの教材」ページを開く
② 「技能テストの教材」ページ下部の**「過去問題集①用教材ファイルのダウンロード」**をクリック
③ パスワードを入力するウィンドウが開くので、次の文字列を入力して「OK」をクリック[1]

　　　　　　　　　　　パスワード　564129

④ 圧縮ファイルをダウンロードするためのページが開く
⑤ 「教材ファイル」を右クリックし、「対象をファイルに保存」をクリック、「kakomondai1_kyozai」を自分のパソコンの分かりやすいフォルダに保存する
⑥ 保存したファイルを右クリックして「すべて展開」[2]
右のようなフォルダが開き、ファイルが表示されます。[3]

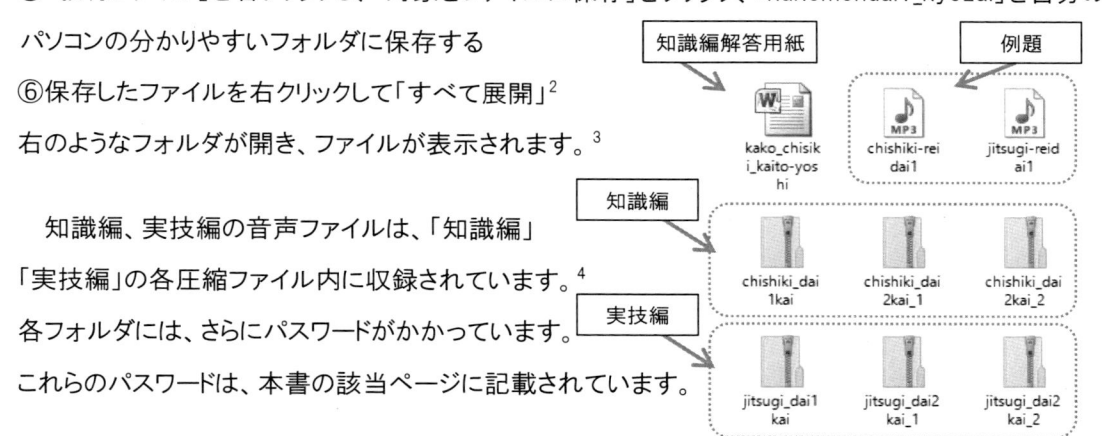

　　　知識編、実技編の音声ファイルは、「知識編」「実技編」の各圧縮ファイル内に収録されています。[4]
各フォルダには、さらにパスワードがかかっています。
これらのパスワードは、本書の該当ページに記載されています。

先に全部開くのではなく、実際に学習するときにその都度入力しましょう。

◆教材ファイルをダウンロードすることが可能な期間：2018年6月30日まで

---

[1] パスワードは、すべて半角数字で入力してください。「パスワード」という文字を入力する必要はありません。数字の前や後ろに空白記号を入力しないようご注意ください。
[2] 何らかの圧縮・解凍ソフトがインストールされている場合、操作はこれと異なることがあります。
[3] 表示されるアイコンの形や大きさなどは例と異なることがあります。
[4] kako_chishiki_kaito-yoshi（知識編解答用紙）は、第3章知識編の学習では使用せず、第4章過去問題で使用します。

※教材ファイルは、本書をご購入いただいた方が個人的に利用されることを原則とし、著作権者に無断で営利目的に使用することや、企業や団体内でのコピー、再配布等を禁止します。
※教材ファイルに収録したデータの使用結果につきましては、いかなる場合でも制作者および株式会社エフスタイルは責任を負いかねます。あらかじめご了承ください。

■本書の構成と使い方

本書の使い方

本書は次のような構成になっています。

　　　　第1章…『音声起こし技能テスト』についての解説
　　　　第2章…『音声起こし技能テスト』を受験するために必要なものや基本的な知識
　　　　第3章…『音声起こし技能テスト』の例題と解き方
　　　　第4章…『音声起こし技能テスト』の過去問題と解答・解説

※ダウンロードした教材ファイルは、第3章と第4章で使います。本文内に、それぞれのページで使用するファイル名を明記しています。

パソコンの操作について

本書では、パソコンの基本的な操作については説明していません。パソコンに関する用語や操作は、ご自身で勉強してください。

本書の学習において、パソコンのOSはWindowsでもMacでも問題ありません。ただし本書では、パソコンの操作方法を主に次のOSとアプリケーションソフトのバージョンで解説しています。

　　OS：Windows 8.1、Windows 10
　　文書作成ソフト：Microsoft Office Word 2013（文中ではWordと呼ぶことがあります）

その他、音声再生やブラウザーなどのアプリケーションソフトを掲載、説明しています。

　　　■『音声起こし技能テスト』は登録商標です。Microsoft および Windows は、米国 Microsoft Corporation の、米国、日本およびその他の国における登録商標または商標です。Macは、米国および他の国々で登録されたApple Inc.の商標です。その他、本書に記載している会社名や製品名、プログラム名、システム名などは一般に各社の商標または登録商標です。本文中ではTM、®マークは明記していません。
　　　■本書に記載しているURL、ソフト名や価格、データ類は、すべて2016年6月現在のものです。変更される可能性もありますのでご注意ください。

お問い合わせについて

　　　・パソコンの不調等については、お使いのパソコンメーカーのサポートセンターなどにお問い合わせください。
　　　・ダウンロードした音声が再生できない（パソコンから音が出ないなど）場合は、11ページ〔音が聞こえないときは……〕の解説内容をお試しいただき、それでも音が出ない場合は、お使いのパソコンメーカーのサポートセンターなどにお問い合わせください。
　　　・音声起こしの起こし方は人によって多少異なるのが普通です。自分の起こしたものと本書に掲載した解答例の起こし方が違っていても、「こういう起こし方は違うのか」等の個別のお問い合わせにはお答えしておりません。

『音声起こし技能テスト　過去問題集①』ご案内

　　　　　　　　　　　　　　　　　　　株式会社エフスタイル

　「音声起こし技能テスト」は、2017年6月より「文字起こし技能テスト」に名称変更いたしました。（技能テストの内容や評価についての変更はありません）
　つきましては、教材ファイルダウンロードのご案内（本書3ページ）に記載のURLを下記のとおり変更させていただきますので、何とぞご理解のほどよろしくお願いいたします。

　　【新URL】　https://mojiokoshi.org/
※記載されているダウンロード可能期間は延長されておりますので
　上記URLにアクセスいただき、ダウンロードが可能です。

■ご購入後の教材ファイルダウンロード手順について
　①新URL　https://mojiokoshi.org/　にアクセス。
　②「技能テストの教材」ページ、過去問題集①の
　　「教材ファイルはこちらからダウンロード」をクリック。
　③パスワードを入力するウィンドウが開くので、本書3ページに
　　記載のパスワードを入力して「確定」をクリック。
　　（パスワードは変更していません）
　　　　　　　　　　この後の手順は本書記載のとおりです。

■本書に掲載した解答のうち、【速記表記】解答は試験当時の表記です。『新訂 標準用字用例辞典』の表記にはなっておりません。
■本書95ページ記載『音声起こし技能テスト　公式問題集』は絶版です。Kindle版の『文字起こし技能テスト　公式問題集』が発売されています。

第1章 『音声起こし技能テスト』の概要を理解しよう

『音声起こし技能テスト』とは

　『音声起こし技能テスト』は、話し言葉を理解し、正しく文字化する技能を計測するテストです。
　トーク内容を確実に理解し、適切に記録するテクニックは、社会のさまざまな場所で必要とされています。
　『音声起こし技能テスト』は、合格・不合格を判定する形式ではなく、**知識編500点＋実技編500点、計1000点満点のスコア制**です。結果が数字で表れるので音声起こしの技術レベルが把握しやすく、定期的に受験をすることで、どの程度レベルがアップできたかを明確に知ることができます。

受験のメリット

「音声起こしを仕事として受けるにあたり技術レベルの証明となる」

「会議、インタビュー、講演などを適確に文字に起こすことができるようになる」

「これまで難解と感じた話題が理解しやすくなる」

「文字入力が速くなる」

　など、『音声起こし技能テスト』の受験には、さまざまな利点があります。学生からビジネスパーソン、仕事以外にもPTAやボランティア活動まで、日本語を使用するすべての場において役立てることができます。

■『音声起こし技能テスト』の概要と得点の目安

音声起こしと『音声起こし技能テスト』について

音声起こしは、録音された話し言葉を文字化する技術です。音声起こしの用途は広く、要求される起こし方も実にさまざまです。

発話を加工する強さ →

①発話に忠実に文字化
（逐語（ちくご）起こし）

②不要語の削除と最低限の修正
（ケバ取り）

③読みやすく整えて文字化
（整文）

④書き言葉（文章語）に
　完全に書き換える

⑤短く要約する[1]

音声起こしの用途と加工の強さの例

| 裁判証拠用 | 学術研究用 | 聞き取り調査などの記録用 | 映像の字幕用 | 議事録作成 | 講演会などトークイベントの記録用 | 記事執筆の材料（書籍用やWEB記事用の取材など） | 学習用 |

※『音声起こし技能テスト』では、④⑤は扱われません。本書でも①から③の起こし方を解説します。

『音声起こし技能テスト』では、**発言に手を加えず、あるいはごく最低限の修正を行って文字化する起こし方が出題**されます。「話し言葉を書き言葉に完全に変更する」ことや「要約して短くする」ことは扱われません。しかし、本テストを通じて正確な聞き取りや表記の知識などを身に付けることは、これらの文字化方法で記録を作成する場合にも役立ちます。

『音声起こし技能テスト』の得点の目安

学習スタート時
　　まず**400点**を目指しましょう（話し言葉の基礎的な知識を身に付ける）

音声起こしの基礎を理解できたら
　　600点以上（自分の仕事や生活に近い話題を、ある程度文字化できる）

音声起こしのエキスパートとして仕事をするためには
　　800点以上（知らない分野の音声でも調べながらスピーディーに文字化できる）

---

[1] 1時間の会議内容を紙1枚程度にまとめるといった、いわゆる「議事要旨」などを作成するものです。極端に短くする場合は、音声を全部書き起こしてから要約してはかえって時間がかかり、現場で要点を書き留めて議事要旨を作ることが一般的です。

※「音声起こしの用途と加工の強さの例」の「学習用」とは、「学生が出席した講義を録音して音声起こしし、自分の復習に使う」「英語学習のため、英語音声を聞きながらそれを文字にしてみる」といった用途です。

■『音声起こし技能テスト』要項

概要

受験資格：年齢・職業・学歴などいずれも不問

受験料金：5,000円＋税

試験実施回数：年2回

パソコン環境など

『音声起こし技能テスト』は、受験者が持つ本来のスキルをはかるためにも、自宅（もしくは学校・会社）で、使い慣れたパソコンを使用し受験することが可能となっています。ただし、インターネットに接続できる環境が必要です。

問題提示や解答の送付は、すべてインターネット上にて行われます。

アプリケーションソフト（Wordなど）やハードウエアの使用に制限はありません。

禁止事項

自宅で受けられる試験ということで、下記のような禁止事項があります。またこれ以外にも、WEBサイトの『音声起こし技能テスト』規約に目を通しておきましょう。

試験中に書籍やインターネット検索で言葉などを調べることは問題ありません。ただし、下記の禁止事項があります。

- ・試験中に試験問題や解答を他人に教えること
- ・試験中に他人から答えを教わること
- ・試験中に試験問題や解答をインターネット上にアップすること
- ・試験中に試験問題や解答がアップされたWEBサイトやSNSなどを見ること
- ・その他、試験の正常な運営を妨げると判断されるような行為をすること

※テストに関する情報は変更される場合があります。受験者は必ず自分で『音声起こし技能テスト』WEBサイトで確認してください。

※問い合わせ先：
特定非営利活動法人フラウネッツ『音声起こし技能テスト』事務局
『音声起こし技能テスト』WEBサイト　http://onseiokoshi.org/　のお問い合わせフォームから問い合わせ

■『音声起こし技能テスト』の流れ

受験申し込みから前日まで

受験申込受付期間内 『音声起こし技能テスト』WEBサイト(http://onseiokoshi.org/)の申込フォームから申し込む

5日前まで 受験番号がメールまたは郵送で届く

前日まで 試験で使用するファイルのダウンロード先がメールで通知されるので、ダウンロードしておく。パスワードがかかっているので、まだ開くことはできない

試験当日

午前10時30分 「知識編」指定のWEBサイトにパスワードが掲示され、メールでも届く。パスワードを入力してファイルを開き、受験準備をする

午前10時40分～午前11時10分 「知識編」試験

午前11時15分まで 「知識編」解答を送信

休憩 15分

午前11時30分 「実技編」指定のWEBサイトにパスワードが掲示され、メールでも届く。パスワードを入力してファイルを開き、受験準備をする

午前11時40分～12時10分 「実技編」試験

12時15分まで 「実技編」解答を送信

試験1カ月後まで

「採点結果」「解答と解説」「試験結果証明書」がメールまたは郵送で届く

音声が再生できない、ヘッドホンが故障した、インターネットがつながらないなどの不調には、一切対応されません。事前によく調整しておきましょう。
締め切り時刻を過ぎた解答は無効になります。余裕を持って送信しましょう。

※試験当日のスケジュールは、天災ほかのやむを得ない事情により変更されることがあります。

『音声起こし技能テスト』受験の準備

第2章

必要なソフト・ハードとスキル・知識

この章では、まず音声起こしで使う**ソフトやハード**を準備しましょう。音声起こし用再生ソフトを入手して、実際に音声ファイルを再生してみてください。
次に、**音声起こしに必要なスキル**と**表記や仕様の基本**について、確認しましょう。ただし、本書ではこれらの点についてはごく簡単な解説となっています。詳しくは、**『音声起こし技能テスト　公式テキスト』**（本書95ページ参照）で学習してください。また、新聞表記・速記表記いずれかのテキストを入手して、じっくり目を通しましょう。

第2章の内容

音声起こしに必要なもの
音声起こし用再生ソフトの使い方
音声起こしの基本的な作業方法
聞き取りとタイピングの上達法
ネット検索の上達法
一般常識と言葉の知識を身に付けるには
表記について
音声起こしの「仕様」とは

■音声起こしに必要なもの

音声起こしをするために準備するものを確認しておきましょう。チェック欄に記入してみてください。

パソコン

☐ **Windows**でも**Mac**でも可　音声起こしではさほど高スペックなパソコンでなくても大丈夫です。

アプリケーションソフト

☐ **音声起こし用の音声再生ソフト**　（次ページで解説）

☐ **文書作成ソフト**　Microsoft Office Word（以下、Word）や一太郎など。テキストエディター（秀丸エディタなど）でもOKです。

☐ **ブラウザーソフト**　インターネットのWEBサイト（ホームページ）を閲覧するためのソフト。Internet ExplorerやChromeなど。

☐ **メールソフト**　（WEBメールでも可）

☐ **ウイルス対策ソフト**　ファイルの送受信やインターネット検索を安全に行うため、ウイルス対策ソフト（セキュリティーソフト）のインストールは必須です。パソコンを買ったときに付いてきた試用版のウイルス対策ソフトは、数カ月で更新されなくなることがあります。きちんと購入して、いつも最新版に更新されるように設定しておきます。

☐ **インターネット回線**　ADSL、CATV、光ファイバーなどのブロードバンド回線が適しています。音声ファイルなどをダウンロードして使うため、ダイヤルアップ接続の低速回線では困難です。

ハードウエア

☐ **ヘッドホン**または**イヤホン**　パソコンに挿して音が出ることを確認しておきます。高価なものでなくて大丈夫です。機種によって聞こえ方が違うので、2、3種類試してみましょう。

書籍

☐ **表記のテキスト**　漢字の使い分けなどを確認するための本です。詳しくは本書17ページを参照してください。

■音声起こし用再生ソフトの使い方

Windows Media Player（メディアプレーヤー）などのマルチメディア再生ソフトでも音声ファイルは再生できます。しかし、音声起こしの実務では、音声起こしに特化した音声再生ソフトを使うほうが効率的です。

音声起こし用の音声再生ソフトには、次のような特徴があります。

- **Wordなどを入力できる状態にしたまま、音声の再生や停止が行える**（アクティブなソフトをいちいち切り替える必要がない）
- **再生・停止、早送りなどの操作をキーボードで行える**（マウスに持ち替える必要がない）
- **音声を停止させる際に自動で少し巻き戻して止まる設定ができる**（直前の音声をもう一度聞いて確認するときに便利）

〔音が聞こえないときは……〕

音声ファイルを聞くときには、音量を調節してはっきり聞き取れるようにします。音量の調節は、音声再生ソフト、パソコン、外付けスピーカーなどで行います。

方法①音声再生ソフトの音量つまみで調節
　音声再生ソフトの画面に表示される音量つまみで、音量を調節します。ただし、微調整用なので、最大限にしても音が小さいと感じることもあります。

方法②パソコンのボリュームコントロール機能で調節
　ボリュームコントロールの画面は、画面下（タスクバー）の から表示できます。

方法③外付けスピーカーの音量つまみを調節
　パソコンに外付けスピーカーを接続している場合は、スピーカーの音量つまみを調節します。

音がまったく聞こえない場合
　音がまったく聞こえない場合は、次のチェックポイントをひとつずつ確認していきましょう。
　①ボリュームコントロールのミュートにチェックが入っていませんか→チェックをはずします。
　②スピーカーにスイッチが付いている場合、スイッチはオンになっていますか→スイッチをオンにします。
　③ヘッドホン利用の場合、ヘッドホンのプラグが差込口の奥までしっかり挿さっていますか→プラグを挿し直します。
※このチェックポイントに問題がないのに音が出ないときは、お使いのパソコンのユーザーサポートにお問い合わせください。

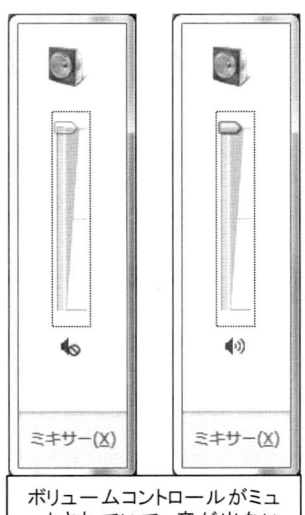

ボリュームコントロールがミュートされていて、音が出ない状態（左）
音が出る状態（右）

Express Scribe(NCH Software)　製品WEBページ http://www.nch.com.au/scribe/jp/index.html

　音声起こしに特化した再生ソフトで、Windows、Macいずれにも対応しています。無料版とプロ版[1]があります。上記のWEBサイトからダウンロードできます。

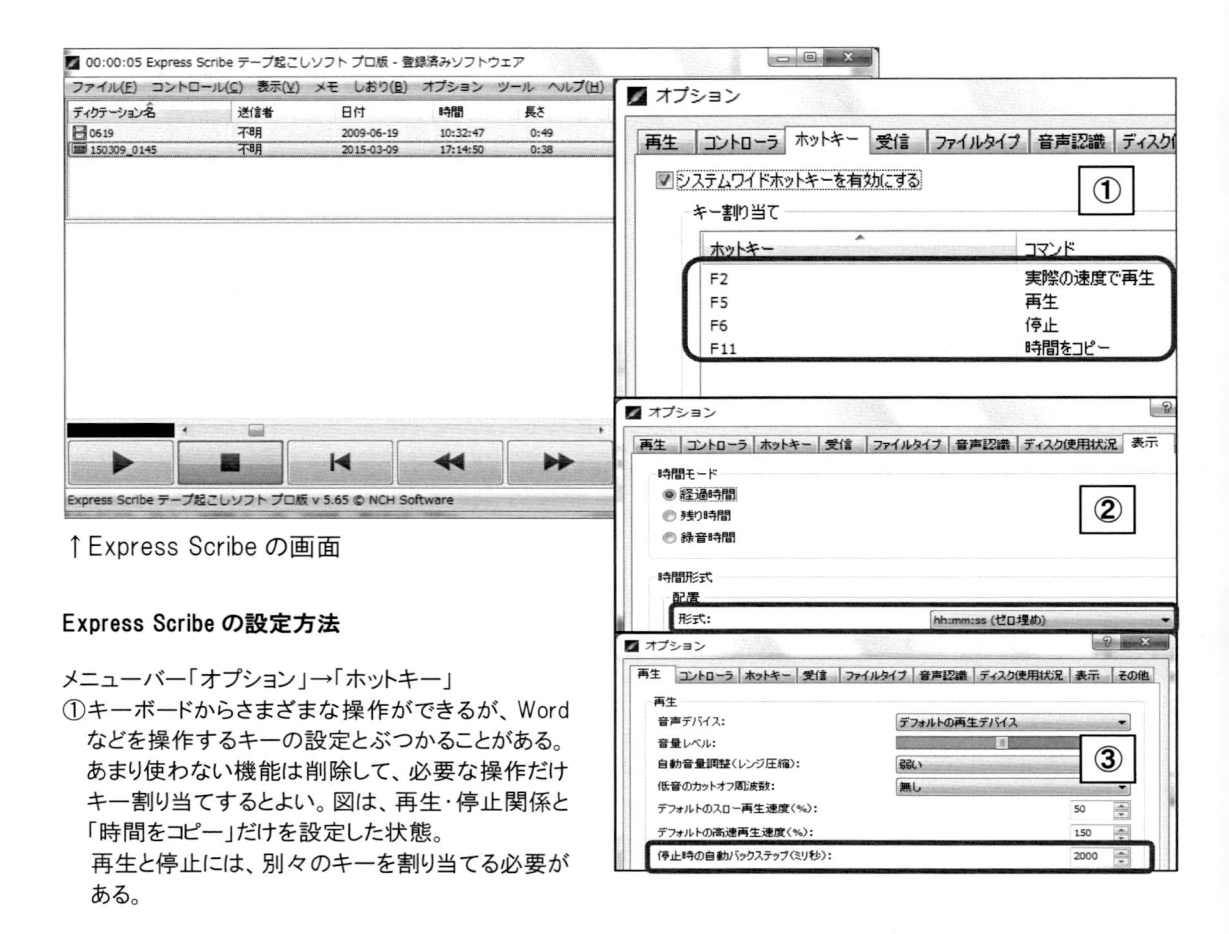

↑Express Scribeの画面

Express Scribeの設定方法

メニューバー「オプション」→「ホットキー」
①キーボードからさまざまな操作ができるが、Wordなどを操作するキーの設定とぶつかることがある。あまり使わない機能は削除して、必要な操作だけキー割り当てするとよい。図は、再生・停止関係と「時間をコピー」だけを設定した状態。
　再生と停止には、別々のキーを割り当てる必要がある。

メニューバー「オプション」→「表示」
②「時間をコピー」して貼り付ける際の表示形式を選ぶ。「hh:mm:ss（ゼロ埋め）」という設定が使いやすい。

メニューバー「オプション」→「再生」
③「停止時の自動バックステップ」を設定。2秒巻き戻る設定なら「2000」を入力（1秒＝1000ミリ秒）。

---

[1] プロ版に切り替える際は、WEBサイトのライセンス購入ページから支払い手続きを行います。クレジットカードで日本円払いですが、オーストラリアドルとの為替変動があるため、決済されるまで正確な金額は確定しません。日本円での参考価格は同社のWEBサイトで月1回更新されます。

※他によく使われている音声起こし用の再生ソフトとしてOkoshiyasu2（作者 Mojo氏）があります。正式にはWindows XPまでにしか対応していませんが、Windowsのそれ以降のバージョンでも動作することがあります。Macには非対応です。

※いずれの再生ソフトも、フットスイッチを接続するとさらに効率的に使うことができます。再生・停止、巻き戻し、早送りを足で行う機材です。フットスイッチは、パソコンにUSB接続できるタイプを選びましょう。

■音声起こしの基本的な作業方法

音声起こしの基本的な作業手順を覚えましょう。ここでは教材ファイルの中から音声ファイル「chishiki-reidai1.mp3」[2]を、Express Scribeで再生しながら、Wordで起こす手順を説明します。

3ページの案内に従って、教材ファイルをダウンロードしておきます。

① **文書作成ソフト(Wordなど)を起動**し、「ファイル」→「名前を付けて保存」でファイルを保存します。

② 教材ファイルの中から、「**chishiki-reidai1.mp3**」を**Express Scribeにマウスでドラッグ**します。または、Express Scribeのメニュー「ファイル」→「ファイルを読み込む」で音声ファイルを選択します。

音声ファイル「chishiki-reidai1」をExpress Scribeの画面にマウスでドラッグすると、Express Scribeに「chishiki-reidai1」と表示される

③ ヘッドホンやイヤホンを付けて**音声を再生**します。
④ 文書作成ソフトにその言葉通りの**文字を入力**していきます。
⑤ 入力が追いつかなくなったら、**音声を停止**します。
⑥ 聞こえたところまで入力したら、また音声を再生し、文字を入力していきます。

　以下、これを繰り返します。長い音声を起こすときは、途中で何度か文書を上書き保存し、最後にも保存します。

⑦ **最後まで入力したら、音声の最初に戻って聞き直します。**入力した文字に誤字などを見つけたら直します。

　話しているのと同じスピードで文字入力することは無理ですから、こまめに音声の再生・停止を行います。音声の再生・停止は、できるだけExpress Scribeに設定したホットキーの操作で行いましょう。いちいちマウスで再生・停止を行っていると能率が上がりません。

---

[2] 本ページの画像では、ファイル名は「chishiki-reidai1」と表示されアイコンの中に「MP3」という文字が表示されていますが、違うアイコンで表示されて拡張子(ファイル名の後ろについてファイルの種類を示す文字。この場合なら「.mp3」)が分からないこともあります。

※知識編の穴埋め問題の場合、実際には音声を全部文字化する必要はありません。

■聞き取りとタイピングの上達法

聞き取り

　　　音声起こしは、正しく聞き取ることが最も重要です。次のようなスキルを高めるよう心がけていきましょう。
　　　・言葉をたくさん知っている（語彙が豊富である）
　　　・前後関係から推測して言葉を理解できる
　　　・人それぞれの発音のくせ（個人差、地域差、年齢差など）に知識がある

　私たちは普段、相手の話を「全体として理解」しています。何か一つの言葉が聞き取れなくても、「要するにこの人は、この計画に反対なんだな」などと全体のニュアンスを理解しているわけです。
　これに対して音声起こしをする際は、発話された言葉を一語ずつ、すべて聞き取って文字化するのが一般的な起こし方です。一語でも聞き取れない言葉があると、そこに●などの記号を入力して進まなければなりません。テレビのニュースを一語一語正確に聞き取ることなどで練習しましょう。

タイピング

　　　音声起こしには正確で速いタイピングの能力が必要です。短時間でたくさんの文字を入力しなければならないからです。
　　　・知識編…30分で20問以内（解答欄50個以内）を記入
　　　・実技編…30分で音声5分ぶんを音声起こし

　実技編の音声5分を入力すると、1500〜1600字程度になります。仕様を確認する時間も必要なので、全部を正確に起こすには10分700字近いペースで入力しないと間に合いません。もちろん、誤入力は減点になります。
　最初は音声5分を全部起こしきれないかもしれませんが、タイピング練習をすれば必ず速くなります。タイピングに不慣れな人は、まず指の正しいポジションを覚えましょう。入力方法は、ローマ字入力・かな入力のどちらでも問題ありません。
　指のポジションを覚えたあとは、本書に収録されている実技問題を繰り返し起こすのが一番力が付きます。一般のタイピング練習ソフトなどは、文章語の入力問題が中心ですが、『音声起こし技能テスト』では話し言葉をタイピングします。ですから、テスト対策としては、文章語より話し言葉のタイピングに慣れることが合理的なのです。

■ネット検索の上達法

『音声起こし技能テスト』では、テスト時間中に書籍やインターネット検索（ネット検索）で答えを調べても構わないのが特徴です。受験時間は短いので、いちいち調べなくても解答できるよう準備するのが基本ですが、必要なときはスピーディーに調べましょう。
次のような調べ方に習熟しておきましょう。

1語で検索

　ネット検索をするときに大事なのは、信頼できるWEBサイトを見ることです。「信頼できるWEBサイト」とは、地名であればその地名の自治体のサイト、企業名などはその企業のサイトなど、調べたいものの大元の団体・企業のサイトです。個人のブログなどは、書いた人の思い込みで誤った表記を掲載しているなど、信用度が低いので確認には使えません。

　例えば「りゅうがさきし」と聞こえる発言があった場合は、ブラウザーでGoogleなどの検索サイトに「りゅうがさきし」と入力して検索します。話の前後から茨城県の地名と思われる場合、ヒットした中から茨城県龍ケ崎市の公式ホームページが信頼できるサイトと判断し、そこに掲載されている市名の表記が正しいとみなします。[3]

2語以上で検索

　正確に聞き取れない場合は2語以上を組み合わせて検索することで、その単語が何かを確定することができます。例えば、新潟で起きた地震の名称を言っているけれども正確に聞き取れない場合は、「新潟　地震」と手がかりとなる2つの言葉をスペースで区切って検索します。表示される「新潟地震」「新潟県中越沖地震」などの中から、音声の内容と照合して正しい名称を選びます。

「もしかして」の活用

　例）「にいがたちゅうえきおきじしん」と聞こえ、「新潟〇〇地震」であると考えられる

　「新潟ちゅうえきおき地震」と検索窓に入力して検索すると「もしかして：新潟ちゅうえき沖地震」と表示され、さらに「新潟県中越沖地震」に関する情報が表示されます。[4]

---

[3] 龍←→竜や、ケ（普通の片仮名のケ）←→ヶ（小書き文字のケ）の違いに注意します。駅名や学校名などの固有名詞は、市名と表記が違うことがありますから、個別にネット検索して確認します。鉄道の駅名としては「竜ヶ崎駅」です。

[4] WEBサイトは毎日のように作られたり消されたりするため、同じ言葉を検索しても結果はその都度異なります。

■一般常識と言葉の知識を身に付けるには

一般常識

本書で言う一般常識とは、社会、経済、金融、時事、英語などで、新聞で見かける程度の知識のことです。

テレビのニュースを見聞きしながらテロップを見る、新聞を読む、ビジネス系のメールマガジンやWEBのコラムを読む、ラジオでニュースを聞くなどすると、その言葉の読み方や表記、発音などを覚えることができます。

言葉の知識

ビジネス用語や行政用語

　用語をまとめたWEBサイトを見つけて読んでおきましょう。

| 事務局　首長に一任させていただく形でございます。 |

　行政機関の会議などで使われる用語に「首長」があります。知事や市町村の長をまとめて呼ぶ言い方で、話し言葉の中では「くびちょう」と発音されることがあります。「しゅちょう」だと「市長」と聞き間違いやすいためです。行政用語の知識があれば、「組長」と聞こえても「首長」と判断することができます。

四字熟語や故事成語

　辞典やまんがが出版されています。1冊、目を通しておきましょう。

| A氏　推敲（すいこう）を重ねたんですけど、どっちの言葉を採用するか悩みました。
| B氏　なるほど。推すがいいか、敲（たた）くがいいかというわけですね。

　「押す、たたく」としない理由は、Bさんが「推敲」という言葉のもとになった中国の故事を引用して返答しているためです。ほかに、格言・ことわざ・古典文学などの引用も、音声には出てくることがあります。

専門用語

　すべてのジャンルの専門用語を知っておくことは不可能です。音声に出てきたら、その都度ネット検索などで素早く調べましょう。

| 病院長　病診連携は当院の課題です。 |

　聞こえた通りに「びょうしんれんけい」とネット検索すると、「病診連携」[5]という言葉が見つかります。前後の文脈に合っているかよく確認しましょう。これは医療関係の話題なので合っているようです。

---

[5] 病院と診療所がそれぞれの役割を果たしつつ、連携しながら医療を提供するという意味の医療用語です。

■表記について

ある言葉を、平仮名で書くか片仮名で書くか、漢字で書くとしたらどんな送り仮名を付けるか。そういった書き表し方のルールを「表記」といいます。
『音声起こし技能テスト』では、新聞表記と速記表記のどちらかを選択し、その表記ルールで解答することになっています。

新聞表記と速記表記とは

【新聞表記】日本新聞協会用語懇談会の基準に沿った表記（共同通信社『記者ハンドブック』など）
【速記表記】公益社団法人日本速記協会『新版 標準用字用例辞典』に沿った表記

いずれの表記ルールも、内閣告示「常用漢字表」「現代仮名遣い」「送り仮名の付け方」「外来語の表記」がベースになっています。

新聞表記は、これらの内閣告示に基づいて新聞社や通信社が相談し、統一的な表記のルールを決めたもので、マスコミ表記と呼ばれることもあります。内閣告示のルールがほとんどそのまま踏襲されているため、親しみやすい表記です。ただし、新聞などの文章語（書き言葉）のための表記ルールであり、話し言葉の文字化にはやや使いにくい面があります。

速記表記は、話された言葉をその場で直ちに記録する「速記」技術の歴史から積み上げられてきた表記です。特に国会・地方議会の会議録の作成で多く使われています。話し言葉を表記する際に迷う箇所が少なくなるように工夫されています。

『音声起こし技能テスト』では、知識編の問題文や実技編の仕様書は新聞表記が使われています。解答は、受験申し込み時に選択したそれぞれの表記に沿って行います。

表記のテキストの入手方法

新聞表記を具体的に参照できるテキストとしては、共同通信社『記者ハンドブック』などが市販されています。一般の書店に置かれていない場合は、ネット書店で購入すると便利です。

速記表記は、公益社団法人日本速記協会『新版 標準用字用例辞典』に沿った表記です。日本速記協会から購入します。書店では販売されていません。

Q 新聞表記と速記表記は大きく異なりますか？
A いずれも、基本的には「常用漢字表」や「現代仮名遣い」などの内閣告示に基づいた表記ですので、大きく異なるわけではありません。

Q どちらを選べばよいですか？

A 目的により異なってきますので、以下をご参照ください。

■【新聞表記】での受験が向く人

　・現在、新聞表記で仕事をしている。

　・今後スタッフになりたいと希望する会社が、新聞表記を採用している。

　・音声起こしの初心者で、一から学びたい（表記のテキストを入手しやすいのでスタートしやすい）。

■【速記表記】での受験が向く人

　・現在、速記表記で仕事をしている。

　・今後スタッフになりたいと希望する会社が、速記表記を採用している。

最初に覚えておこう　表記の主なルール

・常用漢字表と付表に採用されている漢字や読み方は使う。常用漢字表と付表に採用されていない漢字や読みは基本的に使わない。

　「からい」は「辛い」と書くが、「つらい」は「辛い」でなく平仮名を使う。常用漢字表に採用されている「辛」の読み方は「シン・から（い）」のみで、「つら（い）」は入っていないため。

・形式名詞は平仮名　〇「このように」「そのことが」　✕「この様に」「その事が」

・助動詞や補助用言は平仮名　〇「貸してあげます」　✕「貸して上げます」

　これらはいずれも原則であり、表記のテキストを見るとさまざまな例外が記載されています。また、これ以外にも、送り仮名の付け方についての「本則」や「通則」など、さまざまなルールがあります。

数字、外来語、英字、固有名詞

　音声起こしでは、数字は主にアラビア数字が使われます。漢数字を使うのは、熟語や固有名詞で漢字の一部という側面が強い場合や、数える語感が少ないものです。アラビア数字は、全角・半角や位取りカンマを使うかどうかなど、書き方の種類がいくつかあります。

　外来語は、日本語に入ってきてある程度定着したと考えられる言葉で、片仮名で書きます（漢字圏の国から入ってきた言葉などを除く）。片仮名の書き方は、表記のテキストの「外来語の書き方」のページで確認します。

　PTAやWHOなどの頭字語（名称の頭文字をつなげて作られた略語）は、英字で記載します。英字は全角・半角、また大文字・小文字の使い分けなど、いくつかの書き方があります。

　地名などの固有名詞を書くときは、常用漢字表に載っていない字も使います。企業名や組織名は、その企業や組織のWEBサイトで正しい表記を確認して書きます。

■音声起こしの「仕様」とは

仕様とは音声起こしにおける法律のようなものであり、仕様の記載された書類が「仕様書」です。ただし、唯一絶対の仕様というものは存在しません。国によって法律が異なるように、音声起こしにおいてもさまざまな仕様が指定されます。

仕様書に記載されている項目

仕様書に記載される項目として、例えば次のようなものがあります。
1. 音声の情報（話題や話者などの情報）
2. 資料の情報
3. 英字や数字の全半角
4. 話者名の立て方
5. 不明箇所の処理方法
6. 起こし方（ケバ取りや整文の程度など）

狭義の仕様である3～6の正確な理解が、音声起こしには欠かせません。1と2は、厳密には仕様とはいえませんが、音声起こしをする上で重要な情報です。

1. 音声の情報（話題や話者などの情報）

「駐輪場設置についての会議」「人事管理についての講演」など、音声の情報は「話題」と「形式（会議、講演、インタビューなど）」の両面から記載されることが普通です。

話者とは「音声の中でしゃべっている人」のことです。発言者ともいいます。20名出席している会議でも、発言した人が8名であれば、その音声の話者数は8名ということになります。

2. 資料の情報

音声に付属して資料が渡される場合があります。会議や講演の当日に参加者に配布された資料などです。専門用語などを探すとき役立ちます。1の話者情報、またはこの資料に漢字が出てこない人名などは、ネット検索などで確認できない限り、勝手に漢字を当てはめてはいけません。

3. 英字や数字の全半角

英字やアラビア数字は、まとめて「英数字」と呼ばれることもあります。「すべて全角」「すべて半角」「1桁は全角、2桁以上は半角」などの仕様があります。

4．話者名の立て方

　話者名と発言内容の区切り方が指定されます。さまざまなパターンがあります。また、講演など最初から最後まで1名の発言という音声では「話者名は立てなくてよい」という仕様もあります。

山田　おはようございます。　　　　　（話者名と発言の間に全角スペース1個）
〇山田　おはようございます。　　　（話者名の前に記号を入力、太字にする）
おはようございます。　　　　　　　　（話者名を立てない仕様）

5．不明箇所の処理方法

　音声を文字化するときに確定できない箇所は、不明箇所と呼ばれます。不明箇所の内容とそれぞれによく指定される仕様の例は次の通りです。

1) 音声が聞き取れない箇所　　音の数にかかわらず●1個を入力、音の数だけ●を入力など
2) 音声は明瞭に聞き取れるが文字の表記を確定できない箇所　　カタカナにする（ワタナベさん）、カタカナにして＝ではさむ（＝ワタナベ＝さん）など[6]
3) 聞き取りに確信が持てない箇所　　「病診連携」と言っていると思うが、録音状態が悪いなどで確信が持てない。＝ではさむ（＝病診連携＝）、下線を引く（<u>病診連携</u>）、文字色を赤字にするなど

　不明箇所に音声のタイムを付記するという仕様があります。[7]

病院長　　●（00：39：21）は当院の課題ですね。
病院長　　＝病診連携＝（00：39：21）は当院の課題ですね。

　不明箇所でなく、入力したデータ全体に数分ごとにタイムを記載するという仕様もあります。

6．起こし方（ケバ取りや整文の程度など）

　話し言葉は、聞こえたままに音声を文字化すると、非常に読みにくく、理解しにくいデータになります。音声起こしでは、①（読みにくくても）発語に忠実に文字化、②不要語の削除と最低限の修正、③さらに読みやすく整えて文字化など、さまざまな起こし方があります。これらの起こし方はそれぞれ①逐語起こし、②ケバ取り、③整文と呼ばれることもあります。[8] 不要語の処理や整えの具体的な内容については、『音声起こし技能テスト　公式テキスト』を参照してください。

---

[6] ＝は下駄記号と呼ばれます。二枚歯の下駄を下から見た形です。「げた」と入力して変換すると出すことができます。「太字にしたイコール記号」ではありません。
[7] 手でタイムの数字を入力すると、入力ミスが起こりがちです。Express Scribe などの音声再生ソフトでは、タイムをコピーする機能があります。カッコ記号は手で入力します。
[8] ほかに「素起こし」という言い方もあります。これは「逐語起こし」「ケバ取り」どちらの意味でも使われることがあります。

『音声起こし技能テスト』
知識編・実技編の内容と例題

第3章

例題を解く際のポイント

　『音声起こし技能テスト』過去問題の前に、例題を解いてみましょう。

知識編　各領域1問ずつの例題を収録しています。

　「問題文を読んで音声を一度だけ聞き、すぐ解答する→○×を付けてさっさと次に進む」。こういう学習方法では、実力が付きません。

　分からなかったら、音声を何度も聞きましょう。問題文に出てきた言葉をヒントにして、ネット検索などで言葉を調べてみましょう。漢字の使い分けに確信がないときは、表記のテキストで確認しましょう。この繰り返しによって、聞き取り力や検索力、語彙力などが伸びていきます。

実技編　音声長さ30秒の例題を収録しています。

　例題を解き、答え合わせをしたら、もう一度同じ音声を起こしてみましょう。同じ音声を繰り返して入力すると、指が言葉のリズムを覚えて、タイピングの技術が向上します。

第3章で使う教材ファイル

　知識編の例題→chishiki-reidai1.mp3

　　知識編の例題1～例題6までが、1つの音声ファイルになっています。

　実技編の例題→jitsugi-reidai1.mp3

■知識編の出題分野

「知識編」の出題分野は、次の通りです。

- **第1領域**　聞き取り　　聞き間違いの発見など
- **第2領域**　一般常識　　固有名詞、歴史的事実、時事用語、ビジネス用語、新語、略語など
- **第3領域**　言葉の知識　　敬語、重複表現、故事成語や四字熟語、同音異義語など
- **第4領域**　表記　　仮名遣い、送り仮名、漢字や数字の使い分け、外来語の表記など
- **第5領域**　話し言葉の処理　　不要語の処理、語順・変化した音・助詞の修正など
- **第6領域**　音声起こしの知識　　会議、講演、インタビューなどを音声起こしする際の知識

問題数：第1～6領域の合計で20問以内（解答欄の数は50個以内）
受験時間：30分
配点：1000点のうち500点

　500点で解答欄の数が50個以内ですから、単純計算では1つ10点ということになります。実際には設問ごとに配点が異なります。採点方式は正解と不正解のほかに、設問によっては部分点が与えられることがあります。

　知識編の設問の多くは穴埋め形式です。しかも音声は、文章で穴になっている部分も読み上げられていますから、最初から答えが示されているようなものです。知らない言葉が出てきたときは、ネット検索などでスピーディーに言葉を調べましょう。
　穴埋め問題は、次のようなことに注意して解答しましょう。
　1）適切な表記
　2）特定の仕様が提示された設問では、それに沿った書き方（重複表現の整理や、数字のさまざまな表記方法など）

　穴埋め以外の設問は、第1領域と第5領域に出てきます。
　第1領域　聞き取り間違いを見つける問題、聞き取り間違いと正しい言葉を答える問題
　第5領域　語順を入れ替えてセンテンス全体を書く　など

■知識編の解答手順

　知識編の試験は、圧縮ファイルにパスワードを入力して開くという作業からスタートします。解答を完了するまでのプロセスには、パソコンの全般的な使いこなしが必要です。作業手順は次のようになります。

準備段階

1）ダウンロードしたZIPファイルにパスワードを入れて解凍する
　　→音声ファイルとPDFファイルが表示される
2）PDFファイルに記載されているWEB上の解答用紙にアクセスする
3）音声起こし用再生ソフト（Express Scribeなど）に音声ファイルを読み込ませる
4）文書作成ソフト（Wordなど）を起動し、「知識編控え」などのファイル名を付けて保存する

解答段階

5）問題を解いて「知識編控え」に入力する（途中で何度か上書き保存する）

送信段階

6）「知識編控え」に入力した解答を、WEB解答用紙にコピー＆ペーストする
7）「送信」ボタンをクリックする
8）受信確認のメッセージが表示されたことを確認する

知識編を解答する際のワンポイント

　WEB解答用紙に答えを直接入力するよりは、文書作成ソフトなどに入力しておき、最後にまとめてコピー＆ペーストするほうが安全です。インターネット回線の一時的な不調などがあると、WEBに入力した解答が消えてしまう危険があるためです。
　本書の教材ファイルに収録されている「kako_chishiki_kaito-yoshi」ファイルを、入力用に使うと便利です。

能率のよいコピー＆ペーストの方法

　入力しておいた解答をWEB解答用紙にコピー＆ペーストするときは、マウスで範囲指定を行い、ショートカットキーでコピーと貼り付けの操作をするとスピーディーです。

　　コピーのショートカットキー　**Ctrl＋C**　（Ctrlキーを押しながら「C」キーを押す）
　　貼り付けのショートカットキー　**Ctrl＋V**　（Ctrlキーを押しながら「V」キーを押す）

■知識編の第1領域～第6領域の内容と例題

「知識編」の問題は、第1領域～第6領域の合計で20問以内（解答欄の数は50個以内）となっています。各領域の内容を例題を解きながら確認しましょう。

第1領域「聞き取り」の問題数と問題形式

　6つの領域の中で最も問題数が少なく、また比較的易しい領域です。問題文の中に聞き間違いが含まれ、それを見つける形式です。

　　・問題数　2～3
　　・問題形式
　　　①聞き取り間違いをしている部分の番号を3つ選ぶ
　　　②聞き取り間違いの語句と正しい語句を記入（間違いは1カ所）

例題1　（音声ファイル：chishiki-reidai1.mp3）

聞き取り間違いをしている部分の番号を3つ選びなさい。

> 投資教育は（1）近々の課題と言っても（2）過言ではないと思います。（3）枯れ葉も山の（4）にぎわいと申しますので、（5）及ばずながら私も（6）死力を尽くす所存です。

第2領域「一般常識」の問題数と問題形式

　知識を問うものとしては比較的易しい領域です。聞こえた言葉をそのまま記入する形式ですが、社会、経済、時事、エンターテインメントなど幅広い分野から出題されます。何の話題なのか、文字化されている部分をヒントにして素早く理解しましょう。

　　・問題数　3問程度
　　・問題形式　3つの空欄に当てはまる言葉を記入する

例題2　（音声ファイル：chishiki-reidai1.mp3）

空欄に当てはまる語句を書きなさい。英数字は半角。

> 2016年の（1）【　　　】すなわち伊勢志摩サミットでは、(2)【　　　】が(3)【　　　】を出迎えました。

第3領域「言葉の知識」の問題数と問題形式

問題文の中にある空欄を埋める形式です。単語を聞き取り、正しい漢字や仮名遣いなどで記入するシンプルな問題ですが、普段の生活ではほとんど耳にしないような難しい言葉も登場します。聞こえたとおりに平仮名でネット検索してみると、当てはまる言葉を見つけられることがあります。

・問題数　3問程度
・問題形式　3つの空欄に当てはまる言葉を記入する

例題3　（音声ファイル：chishiki-reidai1.mp3）

空欄に当てはまる語句を書きなさい。

> それこそ、各社（1）【　　　】のやりとりでした。でも、（2）【　　　】だった会社の人にぽんと肩を叩かれて、立場に（3）【　　　】していた自分に気が付いたんです。

第4領域「表記」の問題数と問題形式

国語のテストや漢字のテストと近いのが、この第4領域です。問題文の中にある空欄を埋める形式です。表記の領域ですから、特に注意して、送り仮名や外来語の書き方などを、表記のテキストを確認しながら解答しましょう。数字の書き方は、いろいろな仕様が指定されます。問題を多く解いてパターンを覚えることが有効です。

誤った発音でも正しい表記で解答することに注意しましょう。片仮名が発音しやすさで変化している発言（ベットと言っていても、文脈からベッドを指すと判断できれば「ベッド」と解答する）、漢字の読み方を誤って覚えているための発言、などが出題されることがあります。

・問題数　3問程度
・問題形式
　①3つの空欄に当てはまる言葉を記入する
　②空欄に当てはまる数字を仕様に従って記入する

例題4　（音声ファイル：chishiki-reidai1.mp3）

空欄に当てはまる語句を書きなさい。

> （1)【　　　】って、普通は（2）【　　　】の対象ではないかもしれませんが、見ていると（3）【　　　】ですよ。

第5領域「話し言葉の処理」の問題数と問題形式
　問題文の中にある空欄を埋める形式と、問題文に記載されている文章を修正して記入する形式で出題されます。問題形式の②と③は、考え込む時間が長くなりがちです。重複表現に注目するなど、出題のパターンを把握しましょう。

　　・問題数　3問程度
　　・問題形式
　　　①3つの空欄に当てはまる部分の発言を修正して記入する
　　　②1つの空欄部分の発言を修正して記入する、もしくは下線部の発言を修正して記入する
　　　③語順の修正例を参照して、修正した文章を記入する

例題5　（音声ファイル：chishiki-reidai1.mp3）
重複表現を整理して書きなさい。

【　　　】になってまいりました。

第6領域「音声起こしの知識」の問題数と問題形式
　問題文の中にある3つの空欄を埋める形式です。解答を記入する際の表記を問題文から推測するなど、第1～5領域を含む総合的な問題となっています。知識編最後の領域ですから時間が足りなくなってあせりがちですが、取りこぼさないようにしましょう。

　　・問題数　3問程度
　　・問題形式
　　　3つの空欄に当てはまる言葉を記入する

例題6　（音声ファイル：chishiki-reidai1.mp3）
空欄に当てはまる語句を書きなさい。

音声には、図解を（1）【　　　】、計画を（2）【　　　】などと、レトロな表現も出てくるほか、図の網掛け部分を（3）【　　　】などと、聞き慣れない言い回しが出てきます。

例題の解答と解説は→33 ページ

▍実技編の出題形式

「実技編」の出題形式は、次の通りです。
　　問題：音声は4分45秒以上5分15秒未満の長さ
　　受験時間：30分
　　配点：1000点のうち500点（チェックポイント→400点、全体的な起こし方→100点）

起こし方のルール

　実技編は、音声の冒頭から連続して起こしていきます。
　「音声の2分30秒以上起こした場合」と「音声の2分30秒未満まで起こした場合」では、「全体的な起こし方」の配点が異なります。
　聞き取れたところをあちこち断片的に入力するということはできません。あくまで音声冒頭から連続して起こしていくことがルールです。
　聞き取れなかったところは●を代わりに入力するなどして進みます。ただし、「音声2分27秒まで起こしたけれども、2分28秒からの部分が聞き取れず●にした」などの場合は、●の手前の2分27秒まで起こせているとみなされます。

「チェックポイントを採点」の内容

　チェックポイントは、起こしたデータの中の20カ所が採点されるものです。
　どこが20カ所のチェックポイントであるかは、受験時には公表されていません。専門用語や表記を間違いやすい言葉など以外に、特に難しくない言葉も範囲になることがあります。また、「単語1つ」「ひとまとまりの語句（フレーズ）」のいずれも、1カ所とカウントされます。
　20カ所×20点が基本的な配点となりますが、チェックポイントによって配点が異なる場合もあります。部分点は配点の半分です（20点の設問では、部分点は10点）

「全体的な起こし方を採点」の内容

　全体的な起こし方は下記の5項目が採点されます。
　　A　不要な文字や記号が入力されていない
　　B　段落替えのバランスが取れている
　　C　句読点のバランスが取れている
　　D　英数字の全半角が仕様に沿っている
　　E　記号の使い方が仕様に沿っている
　配点は次のようになります。
　　　音声の2分30秒以上起こした場合は1つ20点、部分点10点
　　　音声の2分30秒未満まで起こした場合は1つ10点、部分点5点

■実技編の解答手順

実技編の解答手順は次のようになります。

実技編の解答手順

 準備段階

  1）ダウンロードしたZIPファイルにパスワードを入れて解凍する

  2）仕様書のPDFファイルを開いて内容を確認する

  3）仕様書に記載されているWEB上のフォームを開いて氏名と受験番号を入力する

  4）音声起こし用再生ソフト（Express Scribeなど）にMP3ファイルを読み込ませる

  5）文書作成ソフト（Wordなど）を起動し、ファイル名を付けて保存する

 起こし段階

  6）音声起こしを行う（この間、何度か文書を保存する）

  7）音声の最後まで起こしたら、最初に戻ってまた最後まで聞き直し、仕上げる

 送信段階

  8）仕上げた文字列の全体をコピーする

  9）WEB上のフォームに文字列を貼り付け、正しく表示されていることを確認する

  10）「送信」ボタンをクリックする

  11）受信確認のメッセージが表示されたことを確認する

■実技編の採点Q&A

実技編の採点基準についてQ&A形式でまとめます。

Q　「全体的な起こし方」の具体的な内容は？

A　「全体的な起こし方」の項目A〜Eは、それぞれ次のような内容です。

　A　不要な空白記号や改行マークなどが入力されていないこと。試験本番では、仕様書に指示がないのに採点者への連絡事項などが入力されていることも減点。

　B　仕様に「段落替えは〇個程度」と記載されていれば、ほぼその数に沿っていること。また、極端に段落替えの多いところと少ないところがないこと。途中まで起こした場合はその中でバランスが取れていればよい。

　C　極端に「、」の多いところや少ないところがない。また、「、、」「、。」「。、」などの誤入力がない。

　D　アラビア数字と漢数字の使い分けは解答例と異なってよい箇所もある。アラビア数字にしたところは仕様通りの全半角であること。英字も仕様通りの全半角であること。

　E　仕様で使用不可とされている記号類が使われていないこと。

Q　「全体的な起こし方」の項目BとCは、具体的にどういうこと？

A　もし前半は1センテンスごとに段落替えされ、後半は1000字以上も1段落が続くということであれば、それはバランスが取れた段落替えとは言えません。
　もちろん、話のつながりによっては、段落替えを入れにくいところや、入れたらかえって読む人にとって理解しにくくなるところはあります。また、意味的につながっていない（新しい話題が出ている）などで、短い行数でも段落替えしなければいけないところもあります。そういう理解も含めて、的確に段落替えされているかを見るものです。

　同様に句読点（特に読点）も、「本日は、私ども、〇〇社の、」と極端に多いと読みにくく、逆に数百字にわたって読点が1個もないという状態でも読みにくいデータになります。ほどよく打てているかを見るものです。

　段落替えや句読点は人によって解釈のばらつきがある程度出ることは当然であり、解答例と同じである必要はありません。極端に不自然でなければ減点はされないと考えて大丈夫です。
　※段落替えや読点がぜひとも必要という箇所は、「チェックポイント」になっていることもあります。「チェックポイント」に指定されている箇所は、その箇所で段落替えや読点がなければ不正解となります。

Q 新聞表記を共同通信社『記者ハンドブック』で確認したら、「恐らく・おそらく」などは、2つの表記が掲載されていた。「それは恐らく(おそらく)違うと思います」などと、両方書いたほうがいい?

A 新聞表記といっても会社によって少し違いがあります。朝日新聞社『朝日新聞の用語の手引』では、「恐らく」のみが示され、『記者ハンドブック』では「恐らく」「おそらく」のいずれでもよいとされています。見解が分かれる言葉は、基本的に「チェックポイント」には含まれない見込みです。1つの言葉に対しては1つの表記のみを書いてください(常用漢字表外字で読み仮名を書き添える必要がある場合を除く)。

Q もっと読みやすい立派な文章に仕上げて送ったら、点数が上がる?

A 上がりません。文章(書き言葉)への全面的な書き換えは、実務では行われることがありますが、『音声起こし技能テスト』では出題されません。

Q 文字サイズやフォントの種類、書式設定などは指定がある?

A 指定はありません。文書作成ソフトなどに入力するとき、フォントなどは自由です。起こした文字列をWEB解答用紙にコピー&ペーストすると、自分が設定したのと違う文字の大きさや行間の空きなどになることがありますが、変わってしまっても問題ありません。

上:明朝体で入力し、行間をゆったり空けた書式設定で入力したデータ。
(Wordで入力したもの。全角スペースと改行マークが画面に表示される設定)

左:WEB解答用紙に貼り付けた状態。ゴシック体になり行間が詰まって表示されている。右端の折り返し位置が入力段階とは異なるが、各段落の末尾で正しく段落替えされていれば問題ない(この例ではどちらも「できればと思っております。」の後ろで段落替えされている)。

※実際のWEB解答用紙はこれとは異なることがあります

■実技編の例題

　では、実技編の例題です。『音声起こし技能テスト』本番の実技編は音声5分ですが、この例題は30秒です。

仕様に従って、jitsugi-reidai1.mp3の音声を起こしてください。

手順①音声ファイルを再生ソフトに読み込む

　音声再生ソフト(Express Scribeなど)を起動します。

　音声ファイルjitsugi-reidai1.mp3を、音声再生ソフトに読み込みます。ヘッドホン(またはイヤホン)を装着し、問題なく音声が聞こえるかを確認します。

　音量の調節方法は本書11ページ、音声再生ソフトの操作方法は本書12ページを参照してください。

手順②仕様書を確認

　次に、本書32ページの仕様書を読みましょう。jitsugi-reidai1.mp3は、この仕様書に沿った起こし方で文字化します。実技編は問題ごとに仕様書の内容が異なりますから、その都度よく確認する必要があります。

　仕様書は、重要なところにマーカーを引きます。最初に仕様書を確認、起こしながらときどき確認、起こして聞き直しも終わったら最後にもう一度確認……というぐらい、何度も仕様書を見ます。うっかり仕様と違う起こし方をして減点されるということを防ぎましょう。

　※『音声起こし技能テスト』の本番では、仕様書はPDFファイルになっており、音声ファイルと一緒にZIPファイルに入っています。PDFファイルを開くにはAdobe Reader(またはAdobe Reader DCなど)が必要です。Adobe社のWEBサイトから無料でダウンロードできます。

手順③音声起こし作業

　文書作成ソフト(Wordや一太郎など)やテキストエディター(Windowsに付属している「メモ帳」などでもよい)に入力します。作業途中に何度か上書き保存します。

　一度最後まで起こしたら、音声の最初に戻って聞き直し、入力ミスなどがあれば直します。

　さらに、音声を離れて文字だけ読み、句読点や段落替えに不自然な箇所がないか点検します。

　試験本番は、文書作成ソフトやテキストエディターソフトに入力した文字列を、WEB解答用紙にコピー＆ペーストして送信します。

例題の仕様書

話の内容と話者の情報	企業に対するヒアリング。企業の担当者が説明を行っている。音声の長さ：30秒
資料	なし。
本文の入力方法	1行目から入力する。話者名を立てる必要はない。段落の冒頭は全角スペース1個を入力。本文の途中に空白行は入れない。
漢字、平仮名、片仮名の表記	内閣告示を基本とし、具体的には新聞表記と速記表記のどちらかを選択。
英数字の表記	漢数字で表記する慣用が強い語は漢数字、それ以外は半角のアラビア数字。万以上で単位語を入れる。位取りカンマ必要。英字も半角。
句読点や記号	句読点は全角「、。」を使う。 「」『』（）・……？！（笑）── 使用不可。
不明箇所の処理	1）音声内容と仕様書からは確定できない固有名詞など→片仮名で入力し、初出のみ文字列の両端に＝（下駄記号）を入力。＝は「げた」と入力して変換すると、変換候補に表示される。 2）聞き取れなかった部分→文字数にかかわらず●（黒丸記号）1個を入力。 3）聞き取りまたは表記に確信がない部分→適宜、片仮名書きなど。 いずれもタイムの付記は不要。
修正処理など	1）不要語の処理→行う（独り言や言い間違いも削除）。 2）変化した音の修正→い抜き表現、ら抜き表現などを直す。 3）語順の変更や発言を整える処理→原則として行わない。

解答と解説は→34ページ

■知識編 例題の解答と解説

【新】は新聞表記、【速】は速記表記

例題1の答え

【新】【速】　1　3　6

　　実際はこう言っている→(1)喫緊の課題　(3)枯れ木も山のにぎわい　(6)微力を尽くす

　　慣用句的に使われるこのような言い回しを覚えておこう。

例題2の答え

【新】【速】(1)G7　(2)安倍さん　(3)各国首脳

　　(1)問題文に英数字は半角とあるので、全角「Ｇ７」は×。

　　(2)伊勢志摩サミット時点の首相の名前とすぐ気付くこと。阿部、安部などは漢字が違うので×。

例題3の答え

【新】【速】(1)丁々発止　(2)呉越同舟　(3)固執

　　(1)丁丁発止でもよい。

　　(3)固執には「こしゅう」「こしつ」の2通りの読み方がある。ここでは「こしつ」と発音されている。

例題4の答え

【新】【速】(1)スズメ　(2)バードウオッチング　(3)かわいい

　　(1)動植物名は原則として片仮名。

　　(2)2語の外来語は、原則として間に「・」を付けない。新聞表記・速記表記とも、「オ」は小書き文字「ォ」にしない。

　　(3)×「可愛い」

例題5の答え

【新】【速】　男性と女性の比は半々ぐらい　男女比は約半々　など

　　「男性と女性」「男女」が意味的に重複、「約」と「ぐらい」が意味的に重複している。重複を2つとも直したら正解、どちらか1つの重複を直しただけは部分点。

例題6の答え

【新】【速】(1)ポンチ絵　(2)青写真　(3)ハッチング

　　(3)ハッチングは図の一部が網掛けや細かい斜線で埋められていること。

■実技編 例題の解答と解説

新聞表記　起こし例

　例えば人材育成ですけど、この業界はどんどん辞めるじゃないですか。人が定着しない。＝トキタ＝さんにも驚かれたんですね。人というリソース、いわゆる人的資源を何だと思っているのかと。資本金1億6,500万円でも内実は中小以下、特に人事施策がお粗末だし、アライアンスなんかとんでもないという反応でした。

速記表記　起こし例

　例えば人材育成ですけど、この業界はどんどんやめるじゃないですか。人が定着しない。＝トキタ＝さんにも驚かれたんですね。人というリソース、いわゆる人的資源を何だと思っているのかと。資本金1億6,500万円でも内実は中小以下、特に人事施策がお粗末だし、アライアンスなんかとんでもないという反応でした。

実技編例題のポイント
　最初に「あのー」と言っているが、この仕様では文字化しない。

やめる
　【新】職業や地位などを退く場合は「辞める」を使う。
　【速】職業を退くことも何かをストップすることも「やめる」を使う。

＝トキタ＝さん
　時田、鴇田などさまざまな漢字が想定できる。音声と仕様書から漢字を判断できないので、仕様書に従い、このように処理する。

驚かれたんですね。
　語尾の「ね」や「よ」は不要語とみなして削除することもある。ここでは、付いていても削除してもよい。

思っているのかと。
　「思ってるのかと」という発話だが、仕様により、い抜き表現を直す。

1億6,500万円
　仕様により万以上で単位語を付け、位取りカンマを付ける。数字はすべて半角。

アライアンス
　ここでは企業同士の提携という意味で使われている。

第4章 『音声起こし技能テスト』過去問題

過去問題の取り組み方

さあ、準備ができたところで、いよいよ過去問題を解いてみましょう。

知識編・実技編それぞれに時間を計りながら取り組んでください。答え合わせをするときは、単に〇×を付けるのみではなく、必ずもう一度音声を聞いてみましょう。

テスト本番では、ZIPファイルを解凍すると、中に音声ファイルのほか、知識編では問題のPDF、実技編では仕様書のPDFが一緒に入っています。本書では、問題や仕様書は直接これ以降のページに記載していますので、ZIPファイルの内容は音声ファイル(MP3)のみです。

収録されている過去問題

第1回テスト→2015年9月20日実施分

第2回テスト→2016年4月22日と4月24日に、異なる問題で開催されました。そのため、本書では第2回テストをそれぞれ第2回①、第2回②と記載しています。

この章で使用する教材ファイルと解凍用のパスワードは、それぞれの問題ページ先頭に記載しています。

■試験時の注意事項

（下記は試験本番とほぼ同じ内容です。本書の過去問題を解く際に直接関係ない項目もありますが、当日のイメージをつかむ参考にしてください）

◆知識編・実技編共通◆

【入力・修正について】

- ■ 特殊な文字（環境依存文字、機種依存文字、外字）は使用できません。

- ■ 入力内容の修正をする場合は、フォーム画面内の【戻る】ボタンを押して、前の入力画面に戻ってください。

- ■ Word、Excel、メモ帳などにいったん入力し、最後にWEB解答用紙にコピー＆ペーストするという手順を推奨します。文字サイズやフォントの種類などの書式が異なって表示されることがありますが、問題はありません。

- ■ 知識編の問題文、実技編の仕様書の表記は新聞表記を採用していますが、解答の表記は選択したそれぞれの表記（新聞表記または速記表記）に従ってください。

【解答送信について】

- ■ 解答の送信は1回のみです。【確認】→【登録】の操作で解答を送信します。送信時刻は秒単位まで記録されます。早く終わった場合、試験時間中に解答を送信して試験を終了することは差し支えありません。

- ■ 締め切り時刻を過ぎた解答は無効になります。余裕を持って送信してください。

- ■ メール添付ではありませんので、必ず、WEB解答用紙の【確認】→【登録】の操作で送信してください。

◆知識編◆

- ■ 解答できない欄は空欄のままとし、確信がない解答も＝などの特別な記号を付けずに入力してください。

- ■ 解答入力後、次の解答欄へ進むときはTabキーかマウス操作で移動してください。Enterキーを押すと、次の解答欄へは移動せず、【確認】画面に進んでしまいます。

◆実技編◆

- ■ 「字下げ」機能を使用して入力した場合、WEB解答用紙にコピー＆ペーストすると段落冒頭の字下げが消えてしまうことがあります。その場合は、WEB解答用紙上で各段落の冒頭に全角スペースを入力してください。

制限時間：いずれも準備時間10分、受験時間30分（試験当日のスケジュールはP8参照）

■第1回テスト 【知識編】問題

圧縮ファイル：chishiki_dai1kai.zip　パスワード：gm9254br

圧縮ファイルの内容：chishiki_dai1kai.mp3

※音声は標準語の高低アクセントと異なることがあります。また、発音が明瞭であるとは限りません。

※特に指定がない設問では、**英字とアラビア数字は半角で**解答してください。

問題1（第1領域）

聞き取り間違いをしている部分の番号を3つ選んで記入しなさい（カッコは入力不要）。

> こんな現実を（1）つけ、つけられて、（2）正気でいられるわけがありません。（3）品物の配送、（4）そこのみが問題だったのではなく、（5）各方面での失敗が（6）明るめに出たのです。

問題2（第1領域）

聞き取り間違いを1カ所探し、その語句と正しい語句を記入しなさい。

> 私が本部長とエリア課長を勤務しているのはそういう理由です。皆さんの中から課長職を担える人材が早く出てきてほしいと願ってやみません。

問題3（第2領域）

空欄に当てはまる語句を書きなさい。

> 特定の人だけ安全で裕福であるのではなく、誰も排除されることなく社会に（1）【　　　】し、生き生きと暮らしていけること、いわゆる（2）【　　　】、ソーシャル・インクルージョンを実現できるような（3）【　　　】に取り組んでいく所存であります。

問題 **4**（第2領域）

空欄に当てはまる語句を書きなさい。

修学旅行は、奈良・京都でした。(1)【　　　】が思った以上に高かったのと、あと、(2)【　　　】の石舞台が印象的だったかな。仏像はたくさん見たせいか、(3)【　　　】の大仏以外は覚えてないです。

問題**5**（第2領域）

空欄に当てはまる語句を書きなさい。

アフリカ各国は、援助対象国から(1)【　　　】へ変わったと言っても過言ではございません。民間セクターを中心とした(2)【　　　】に、(3)【　　　】の立場からどのように貢献できるかが問われております。

問題**6**（第3領域）

空欄に当てはまる語句を書きなさい。

官庁はそれぞれの(1)【　　　】を分担しつつ、お互いに(2)【　　　】にあるわけです。ですから、特定の官庁を(3)【　　　】するのはいかがかと思うんですね。

問題**7**（第3領域）

空欄に当てはまる語句を書きなさい。

(1)【　　　】クリスマス商戦は、(2)【　　　】の人数で最大の効果を上げるべく(3)【　　　】したいと思います。

問題8（第3領域）

空欄に当てはまる語句を書きなさい。

この統計結果から少し（1）【　　　】して書いたものが、次のページでございます。前回の会議で（2）【　　　】と申しますか、（3）【　　　】したところでして、新たな資料をご用意いたしました。

問題9（第4領域）

空欄に当てはまる語句を書きなさい。

（1）【　　　】は日本に定着するかどうか、見ものですね。（2）【　　　】サロンもいろいろなデザインを発表しますし、お菓子業界もかぼちゃの（3）【　　　】とかを売り出して必死ですし。

問題10（第4領域）

空欄に当てはまる言葉を、仕様に従って書きなさい。

仕様：数字はすべて半角。万以上で単位語を付ける。位取りカンマを付ける。

今年度より報酬として【　　　】を計上してございます。

問題11（第4領域）

空欄に当てはまる語句を書きなさい。

（1）【　　　】行いもなく、人の道を（2）【　　　】ことなく、（3）【　　　】歳月を過ごしてしまうことなく……。でも、それは退屈な人生かもしれませんね。

問題12（第5領域）

空欄に当てはまる語句を書きなさい。

仕様：言いやすさなどのために音が変化した部分を、本来の言い方に直す。

みんな同じ気持ち、(1)【　　　】と思っているよ。(2)【　　　】悩みだなんていうことはないし、ほかのみんなも (3)【　　　】いるよ。

問題13（第5領域）

重複した表現を整理して書きなさい。アルファベットは半角。

私の【　　　】ではないんです。

問題14（第5領域）

語順を1カ所入れ替えて、意味を理解しやすいよう直しなさい。

（問題例）幸いなことに家は全焼しましたが、家族は無事でした。
（解答例）家は全焼しましたが、幸いなことに家族は無事でした。

自制心が私はもともとは真面目な性格なのに、崩壊して深みにはまってしまったのです。

問題15（第6領域）

空欄に当てはまる語句を書きなさい。

日本語についての (1)【　　　】に (2)【　　　】する審議会は、かつては国語審議会でしたが、その後、文化審議会の (3)【　　　】ということになりました。

問題16（第6領域）

空欄に当てはまる語句を書きなさい。

株主総会の（1）【　　　】議事録は、「第○号議案は原案の通り承認可決された」というような（2）【　　　】で作成されることが一般的です。しかしそれとは別に、質疑応答を言葉通りに再現する（3）【　　　】も作成しておく企業は多いのです。

問題17（第6領域）

空欄に当てはまる語句を書きなさい。

長時間のタイピングで腕や肩を（1）【　　　】、休息を取りましょう。また、音量を（2）【　　　】よう注意し、耳鳴りや（3）【　　　】を感じた場合は医師の診察を受けましょう。

解答と解説は→43ページ

■第1回テスト【実技編】問題・仕様書

圧縮ファイル：jitsugi_dai1kai.zip　パスワード：yc7113fp

圧縮ファイルの内容：jitsugi_dai1kai.mp3

下記の仕様に従って、音声を起こしてください。

仕　様　書

話の内容と話者の情報	「くらしの中の経済学」という架空の講演の一部。音声は講演の途中部分。話者名、講演名、音声ファイル名を入力する必要はない。
資料	なし。
本文の入力方法	1行目から入力する。 話の内容が変わるところなど、切りのいいところで段落替えする。 段落替えは8～9個程度。各段落の冒頭は全角スペース1個を入力。 本文の途中に空白行は入れない。
漢字、平仮名、片仮名の表記	内閣告示を基本とし、具体的には新聞表記と速記表記のどちらかを選択。
英数字の表記	漢数字で表記する慣用が強い語は漢数字、それ以外は半角のアラビア数字。万以上で単位語を入れる。位取りカンマ不要。英字も半角。
句読点など	1）句読点は全角の「、。」を使う。 2）！？（笑）……　──　は使用不可。 3）カッコ類　（）「」『』""　などは使用不可。
不明箇所の処理	1）聞き取れなかった部分→文字数にかかわらず●（黒丸記号）1個を入力。 2）音声内容から確定できない固有名詞など→文字列の両端に＝（下駄記号）を入力。 3）確信がない部分→文字列の両端に＝（下駄記号）を入力。 　いずれもタイムの付記は不要。 　＝は「げた」と入力して変換すると、変換候補に表示される。
修正処理など （起こし方）	1）不要語の処理→行う。 　（センテンスの中の「ですね、」は基本的に削除。「今日ですね、ここですね、」→「今日ここで」） 2）変化した音の修正→原則として、い抜き言葉、ら抜き言葉の修正のみ。 3）語順の変更や発言を整える処理→原則として行わない。

解答と解説は→47ページ

第1回テスト 【知識編】解答・解説

【新】→新聞表記　【速】→速記表記

問題1の答え

【新】【速】　1　4　6

実際はこう言っている→(1)突きつけられて　(4)そこの面　(6)明るみ

問題文にカッコは入力不要とあるが、(1)などでも〇。

問題2の答え

【新】【速】(誤)勤務　(正)兼務

音からは気付きにくい間違いだが、「本部長とエリア課長を勤務する」という言い回しの不自然さに注目する。記入が長いときも、誤と正の引用長さが一致していれば〇。
（例「勤務している」「兼務している」は〇、「勤務」「兼務している」は×）

問題3の答え

【新】【速】(1)参画　(2)社会的包摂　(3)施策

(3)施策は「せさく」とも「しさく」とも発音される。

問題4の答え

【新】【速】(1)清水の舞台　(2)明日香村　(3)東大寺

名所・旧跡・代表的な観光地の名称などは覚えておこう。
（参考：歴史用語は飛鳥時代、村名は明日香村）

問題5の答え

【新】【速】(1)投資対象国　(2)経済社会開発　(3)官

(3)「民間セクター」と対比される立場と推測されるので、では何？と考えながら聞く。

問題6の答え

【新】【速】(1)所掌分野　(2)補完関係　(3)礼賛

(3)礼讃でなく礼賛を使うとされている。

問題7の答え

【新】【速】(1)来る　(2)最少　(3)鋭意努力

(2)×最小（「少ない」であり「小さい」ではない）

問題8の答え

【新】(1)敷衍（ふえん）　(2)物議を醸した　(3)紛糾

【速】(1)敷衍　(2)物議を醸した　(3)紛糾

(1)△ふえん　×敷衍　×敷えん　×敷衍(えん)

【新】共同通信社『記者ハンドブック』は用字用語のページに「敷衍（ふえん）」と記載されている。朝日新聞出版『朝日新聞の用語の手引』では、用字用語集のページにこの語がないが、次のように考える。交ぜ書きを許容する例は用字用語集のページに掲げると記載されていて、記載がないことから、「敷えん」は×。読み仮名は語全体に振るのが基本であり「敷衍(えん)」は×。また、平仮名「ふえん」は「増えない」や「普遍」をイメージしがちで、意味が分かりにくいことから△。

【速】常用漢字表外字でも、音読みの熟語は読み仮名を添えずに使う。

(2)「醸(かも)した」×。醸すは読み仮名なしで使える。

問題9の答え

【新】(1)ハロウィーン　(2)ネイル　(3)スイーツ

【速】(1)ハロウィン　(2)ネイル　(3)スイーツ

【新】外来語の書き方のページに掲載されている。

【速】3問とも『標準用字用例辞典』に載っていないが、国会会議録ではこの表記となる。
ハロウィーンは×。

問題10の答え

【新】【速】　2,737万7,000円

次の項目はそれぞれ10点減点。（ただし複数あってもマイナスにはしない）
カンマがない、カンマが全角、全角数字が入っている、「万」がない、「円」がない、「7千」（万以上で単位語を使う仕様であり、単位語「千」は使えない）
数字の聞き取りが違っていたら部分点なしで×。

問題11の答え

【新】【速】(1)浮ついた　(2)過つ　(3)いたずらに

(3)×いたづらに　×徒に　×徒(いたずら)に

問題12の答え

【新】(1)やっていられない　(2)小さい　または　小さな　(3)分かっては

【速】(1)やっていられない　(2)小さい　または　小さな　(3)わかっては

(1)△やってられない→5点。

(3)【新】は「分かる」、【速】は「わかる」を使う。
　　【新】×「分かって」【速】×「わかって」
　　音声は「分かってる」ではなく「分かっちゃいる」なので、「分かってはいる」の崩れた形と捉える。

問題13の答え

【新】【速】　B型肝炎は母子感染

○「B型肝炎は、母子感染」○「B型肝炎は母からの感染」○「B型肝炎は、母からの感染」
次の項目はそれぞれ10点減点。(ただし4つ以上あってもマイナスにはしない)
肝炎の話題と感染の話題の片方しか重複が整理されていない、どちらかの話題の整理が正しくない(B型のない「肝炎」、母子要素のない「感染」など)、Bが全角、1字までの誤字脱字。
2字以上の誤字は×。重複を整理しない言葉通りの起こしは×。

問題14の答え

【新】【速】　私はもともとは真面目な性格なのに、自制心が崩壊して深みにはまってしまったのです。

他の正解はないと考えられる。
次の項目はそれぞれ10点減点。(ただし4つ以上あってもマイナスにはしない)
「、」がない、「、」の位置が違う、「。」がない、2つ以上の「、」がある、2字までの誤字脱字、問題と表記の違う単語がある(「わたし」「まじめ」など。この問題では問題文通りの表記を正解とする)　語順を変更しない言葉通りの起こしは×。

問題15の答え

【新】【速】(1)諮問　(2)答申　(3)国語分科会

　　【新】諮問は用字用語のページには載っていないが、常用漢字表に「諮→シ」が入っている。
　　新聞表記のテキスト(共同通信社『記者ハンドブック』や朝日新聞出版『朝日新聞の用語の手引』など)には、常用漢字表が掲載されている。用字用語のページにない言葉は、素早く常用漢字表を確認する習慣を付けたい。
　　【速】常用漢字表外字でも、音読みの熟語は読み仮名を添えずに使う。

問題16の答え

【新】【速】(1)オフィシャルな　(2)定型的な文言　(3)発言記録

　　(2)定形的は×。

問題17の答え

【新】【速】(1)痛めないよう　(2)上げ過ぎない　(3)聞こえづらさ

(1)「いためる」は、傷つくときが「傷める」、痛みや苦しさを伴うときが「痛める」。
腕や肩の筋肉は長時間のタイピングによって傷ついてもいると思われるが、痛みや苦しさを伴う(主観的には、筋肉が傷むと痛みや苦しさの実感が大きい)と考えられることから、解答は「痛める」を採用した。

(3)「聴こえ」や「辛さ」は×。

【自己採点してみよう】

次のような配点で採点してください。部分点はそれぞれの配点の半分とします。
ただし、配点30点の問題の部分点は、それぞれの解答と解説を参照してください。

1		10点		10点		10点	11	(1)	10点	(2)	10点	(3)	10点
2	(誤)	10点	(正)	10点			12	(1)	10点	(2)	10点	(3)	10点
3	(1)	10点	(2)	10点	(3)	10点	13						30点
4	(1)	10点	(2)	10点	(3)	10点	14						30点
5	(1)	10点	(2)	10点	(3)	10点	15	(1)	10点	(2)	10点	(3)	10点
6	(1)	10点	(2)	10点	(3)	10点	16	(1)	10点	(2)	10点	(3)	10点
7	(1)	10点	(2)	10点	(3)	10点	17	(1)	10点	(2)	10点	(3)	10点
8	(1)	10点	(2)	10点	(3)	10点							
9	(1)	10点	(2)	10点	(3)	10点							
10						30点			500点中				点

---

one point　漢字の読み仮名について

「物議を醸す」「紛糾」「諮問」などは日常会話には出てこないような語彙であり、読み仮名を添えたほうが親切ではないかと、迷いがちです。

しかし、音声起こしの実務においては、速報性が求められる場合などに、一つの音声を複数の人で手分けして文字化することがしばしばあります。その際、人によって判断が異なるために「諮問」と「諮問(しもん)」があちこちに混在するといったことは、避けるべきです。

このような実務上の観点から、『音声起こし技能テスト』では「親切心から過剰に読み仮名を添える」ことを避け、常用漢字表や新聞表記・速記表記それぞれのテキストに沿った漢字の書き方が正解とされています。

第1回テスト【実技編】解答・解説

新聞表記 起こし例

　私の学校時代は①GNPというのを教わりましたけれども、それがいつの間にか、ニュースに出てくるのはほとんどがGDPになっていますね。GNPは国民総生産、GDPは国内総生産ということになります。GDPが代表的な指標として扱われるようになりましたのは1993年ということで、GNPに似た指標として現在はGNI、すなわち②国民総所得というものがあります。

　それはさておき、何か新しいイベントが決まりますと、そのイベントの影響でGDPが何億円アップするという試算がしばしば発表されますね。サッカーのワールドカップを誘致すると経済波及効果が③何千億円とか何兆円とか、そういったものですけれども。

　ところがこの試算をよく見ますと、同じイベントでも金額がかなり異なることがあります。誘致した都道府県が発表したのは2兆円だったのに、シンクタンクAの発表だと④2兆5000億円、シンクタンクBの試算だとなんと3兆円近いとか、相当にばらつくんですね。

　ですから一般の人は、各機関がアバウトに自分の都合のいい数字を発表しているんだろうと思いがちです。Bは経済効果を大きく見込みたい政府の意向を受けているから、高めに出したんだろう。何しろあそこは⑤官僚の天下り先として有名だから[9]。実際にそういう側面はあるかもしれません。ただし、あんまり⑥荒唐無稽なものを出しますと評判が落ちますので、極端なことはしていないと思います。

　経済波及効果というものを計算しますときには、⑦レオンチェフの産業連関表というものをベースに計算いたします。レオンチェフというのは、この産業連関表という概念を作った人の名前なんですけれども。

　⑧例えば[10]、スタジアムを新しく⑨造るとしますと、コンクリートが必要ですよね。そうしますと、この仕事でコンクリート会社は何億円か⑩売り上げが上がります。でも、セメントや砂利を買うのにお金がかかりますし、従業員に給料も払うことになります。それにまた、産業というのはお互いに必ず⑪関連しています[11]。コンクリート会社にとってセメント代は[12]経費ですけれども、セメント会社にとってその金額は⑫売上金ですよね。セメント

---

9 「Bは経済効果を～有名だから」まではセリフのような口調で話されているが、今回の仕様では「」は使用不可。
10 「あのー、例えばですね」と言っている。
11 「関連してます」と言っている。
12 「セメント代は」までで2分30秒。次の「経費」が文字化されていれば2分30秒以上起こされているとみなす。

会社のほうもまた、セメントを作るには経費がかかっています。

　ですから、この場合ですと、コンクリート会社とセメント会社の⑬スタジアム建設関係[13]の売上金を単純にそのまま足し算しますと、経済波及効果としては大き過ぎるわけですね。経費を引いた利益額を足し算しなければいけないわけですけれども、いちいち材料費や労務費を調べて引き算するというのは非現実的ですよね。そんなときに、この産業連関表のしかるべきところにしかるべき数値を入れますと、簡単に分析できるんですね。

　これは⑭総務省のホームページにありますから、ちょっと見てみたいと思います。これです。5年ごとに新しい表がこうやって発表されております。平成23年の⑮確報から、適当に今、一つの表を開いたんですけれども、⑯これだけでも17列[14]掛ける[15]6万9583行ですね。他にもたくさん、こんなに表が、同じようなものがあります。これで計算するわけですけれども、前提をどう置くかによって最終的な数値が異なるんですね。この話をしますと非常に長くなりますし、⑰重箱の隅をつつくようなマニアックな議論になってしまいますから、この辺でやめますけれども。

　ただ、経済波及効果というのは、⑱閉鎖経済を想定するか否かによっても変わってきます。行事を開催する国内で、本当に全ての受発注が行われるのか。現在では、一国の中に限定した計算というのは⑲机上の空論と言っても過言ではないと思います。例えば観光産業の振興政策などは、まさに⑳訪日旅行者のGDP押し上げ効果を当てにしているわけですね。

音声起こしに一つの完全な正解というものはありません。人によって微妙に違うのが普通です。
・段落替えの位置や句読点の位置は解答例と違っていてもよい
・表記は解答例と多少違っていてもよい（新聞表記から大きくはずれた表記はNG）

---

[13]「スタジアム関係……スタジアム建設関係」と言い直している。
[14]「これだけでも、えーと、じゅ、17列」と言っている。
[15]「掛ける」でなく「×」を使ってもよい。

速記表記　起こし例

　私の学校時代は①GNPというのを教わりましたけれども、それがいつの間にか、ニュースに出てくるのはほとんどがGDPになっていますね。GNPは国民総生産、GDPは国内総生産ということになります。GDPが代表的な指標として扱われるようになりましたのは1993年ということで、GNPに似た指標として現在はGNI、すなわち②国民総所得というものがあります。

　それはさておき、何か新しいイベントが決まりますと、そのイベントの影響でGDPが何億円アップするという試算がしばしば発表されますね。サッカーのワールドカップを誘致すると経済波及効果が③何千億円とか何兆円とか、そういったものですけれども。

　ところがこの試算をよく見ますと、同じイベントでも金額がかなり異なることがあります。誘致した都道府県が発表したのは2兆円だったのに、シンクタンクAの発表だと④2兆5000億円、シンクタンクBの試算だと何と3兆円近いとか、相当にばらつくんですね。

　ですから一般の人は、各機関がアバウトに自分の都合のいい数字を発表しているんだろうと思いがちです。Bは経済効果を大きく見込みたい政府の意向を受けているから、高目に出したんだろう。何しろあそこは⑤官僚の天下り先として有名だから[1]。実際にそういう側面はあるかもしれません。ただし、あんまり⑥荒唐無稽なものを出しますと評判が落ちますので、極端なことはしていないと思います。

　経済波及効果というものを計算しますときには、⑦レオンチェフの産業連関表というものをベースに計算いたします。レオンチェフというのは、この産業連関表という概念を作った人の名前なんですけれども。

　⑧例えば[2]、スタジアムを新しく⑨つくるとしますと、コンクリートが必要ですよね。そうしますと、この仕事でコンクリート会社は何億円か⑩売り上げが上がります。でも、セメントや砂利を買うのにお金がかかりますし、従業員に給料も払うことになります。それにまた、産業というのはお互いに必ず⑪関連しています[3]。コンクリート会社にとってセメント代は[4]経費ですけれども、セメント会社にとってその金額は⑫売上金ですよね。セメント会社のほうもまた、セメントをつくるには経費がかかっています。

　ですから、この場合ですと、コンクリート会社とセメント会社の⑬スタジアム建設関係[5]

---

[1] 「Bは経済効果を〜有名だから」まではセリフのような口調で話されているが、今回の仕様では「」は使用不可。
[2] 「あのー、例えばですね」と言っている。
[3] 「関連してます」と言っている。
[4] 「セメント代は」までで2分30秒。次の「経費」が文字化されていれば2分30秒上起こされているとみなす。
[5] 「スタジアム関係……スタジアム建設関係」と言い直している。

の売上金を単純にそのまま足し算しますと、経済波及効果としては大き過ぎるわけですね。経費を引いた利益額を足し算しなければいけないわけですけれども、一々材料費や労務費を調べて引き算するというのは非現実的ですよね。そんなときに、この産業連関表のしかるべきところにしかるべき数値を入れますと、簡単に分析できるんですね。

　これは⑭総務省のホームページにありますから、ちょっと見てみたいと思います。これです。5年ごとに新しい表がこうやって発表されております。平成23年の⑮確報から、適当に今、一つの表を開いたんですけれども、⑯これだけでも17列[6]掛ける[7]6万9583行ですね。ほかにもたくさん、こんなに表が、同じようなものがあります。これで計算するわけですけれども、前提をどう置くかによって最終的な数値が異なるんですね。この話をしますと非常に長くなりますし、⑰重箱の隅をつつくようなマニアックな議論になってしまいますから、この辺でやめますけれども。

　ただ、経済波及効果というのは、⑱閉鎖経済を想定するか否かによっても変わってきます。行事を開催する国内で、本当に全ての受発注が行われるのか。現在では、一国の中に限定した計算というのは⑲机上の空論と言っても過言ではないと思います。例えば観光産業の振興政策などは、まさに⑳訪日旅行者のGDP押し上げ効果を当てにしているわけですね。

　　音声起こしに一つの完全な正解というものはありません。人によって微妙に違うのが普通です。
　・段落替えの位置や句読点の位置は解答例と違っていてもよい
　・表記は解答例と多少違っていてもよい（速記表記から大きくはずれた表記はNG）

---

6 「これだけでも、えーと、じゅ、17列」と言っている。
7 「掛ける」でなく「×」を使ってもよい。

【新】→新聞表記　【速】→速記表記

チェックポイント①

【新】【速】　GNP

全角だったら×。

チェックポイント②

【新】【速】　国民総所得

チェックポイント③

【新】【速】　何千億円

×「何1000億円」

チェックポイント④

【新】【速】　2兆5000億円

△数字に全角がある、△位取りカンマがある、△「2兆5千億円」（万以上で単位語を使う仕様であるため、単位語「千」は使えない）　これらに2つ以上当てはまっていたら×。数字が1字でも違っていたら×、漢数字だったら×。

チェックポイント⑤

【新】【速】　官僚の天下り先

チェックポイント⑥

【新】【速】　荒唐無稽なもの

いずれも常用漢字表内の漢字であり、読み仮名は不要。

チェックポイント⑦

【新】【速】　レオンチェフの産業連関表

外国の地名や人名は、現地の呼称に基づく片仮名書きが原則とされている（漢字圏の国などを除く）。仕様に固有名詞の表記についての特別な指示はないため、Leontiefは×。

チェックポイント⑧

【新】【速】　例えば

×「例えばですね」（センテンス中の「ですね、」はケバとして削除する仕様）

チェックポイント⑨

【新】造る 　　【速】つくる

　　×「作る」 ×「創る」【新】△「つくる」

チェックポイント⑩

【新】【速】 売り上げ

　　×「売上」 ×「売上げ」（経済関係複合語ではないから）

チェックポイント⑪

【新】【速】 関連しています

　　×「関連してます」（い抜きを直す仕様）

チェックポイント⑫

【新】【速】 売上金

　　×「売り上げ金」（経済関係複合語であるから）

チェックポイント⑬

【新】【速】 スタジアム建設関係

　　×「スタジアム関係、スタジアム建設関係」（言い直しであることは明らかであり、言い間違い「スタジアム関係」は不要語として削除）
　　×「スタジアム関係……スタジアム建設関係」（言い直しであることは明らかであり、しかも「……」は使用不可とされている。「――」も同様に不可）

チェックポイント⑭

【新】【速】 総務省

　　総務省のWEBサイトに産業連関表があることは、簡単な検索で確認できる。

チェックポイント⑮

【新】【速】 確報

　　総務省のWEBサイトの産業連関表の部分で確認できる。

チェックポイント⑯

【新】【速】　これだけでも17列

　　○「これだけでも、17列」　×「これだけでも十七列」

チェックポイント⑰

【新】【速】　重箱の隅をつつく

チェックポイント⑱

【新】【速】　閉鎖経済

　　「閉鎖」の発音がやや聞き取りにくい。次のセンテンスから意味を推測する。

チェックポイント⑲

【新】【速】　机上の空論と言っても過言ではない

　　○「といっても」　×「机上の空論と言っても、過言では無い」→「～と言っても過言ではない」はひとまとまりの表現であるため。

チェックポイント⑳

【新】【速】　訪日旅行者

　　聞き取りにくいが、最近よく話題になっている言葉。前後の「観光政策」や「GDP押し上げ効果」から推測しながら聞く。

---

one point　「全体的な起こし方」について

　『音声起こし技能テスト』実技編は、20カ所のチェックポイントが主な採点対象になっており、500点満点中の400点を占めています。「全体的な起こし方」の配点は残りの100点ですが、採点されるポイントはいつもほぼ同じです。ここを取りこぼさないようにしましょう。

　時間に追われて起こしていると、段落替えを忘れたり、読点（、）無しでセンテンスをずっと続けてしまうことがあります。また、仕様書で使用不可と明記されている記号を、確認しないで使ってしまうことがあります。

　このようなうっかりミスがあると、「全体的な起こし方」で減点されます。実技編の問題に取り組むときは、最後に必ず入力したデータと仕様書をもう一度見直して、きっちり仕上げましょう。

◆全体的な起こし方◆

【「全体的な起こし方」全部に共通の採点基準】
■音声の2分30秒以上起こした場合は1つ20点、部分点10点。
　音声の2分30秒未満まで起こした場合は1つ10点、部分点5点。
■チェックポイントで採点された項目は、全体的な起こし方では採点されない。
　例：荒唐無稽(こうとうむけい)なもの
　　　()は使えない仕様であるため、「全体的な起こし方」の「E・記号の使い方が仕様に沿っている」の減点項目になる。しかし「荒唐無稽(こうとうむけい)なもの」という解答は、チェックポイントのほうで×になっているため、「全体的な起こし方」では減点しない。荒唐無稽以外に()が使われていたら減点対象。

A・不要な文字や記号が入力されていない
　　次の項目のうち、1項目当てはまっていたら部分点、2項目以上当てはまっていたら×
　　　1)不要な空白記号がある
　　　2)不要なタブ記号がある
　　　3)機種依存文字や環境依存文字などが使われている
　　　4)明らかに発言されていない言葉が挿入されている
　　　　例)「レオンチェフの」という発言が「ワシリー・レオンチェフの」と入力されているなど

B・句読点のバランスが取れている
　　次の項目のうち、1項目当てはまっていたら部分点、2項目以上当てはまっていたら×
　　　1)全く「。」のない部分が極端に続く
　　　2)全く「、」のない部分が極端に続く
　　　3)句読点の不適切な連続「、、」「、。」「。、」「。。」
　　　4)句読点に半角の「,」「.」が使われている
　　　5)句読点に「,」や「.」が使われている
　　　以上に当てはまっていなければ、句読点の位置が解答例と異なっていてもよい

C・段落替えのバランスが取れている
　　次の項目のうち、1項目当てはまっていたら部分点、2項目以上当てはまっていたら×
　　　1)空白行が途中や冒頭にある
　　　2)センテンスの途中に不要な改行マークが入っている
　　　3)極端に段落替えなく続く部分がある、または仕様書に指定された段落数より大幅に多い・少ない
　　　4)段落冒頭の空白記号が半角
　　　5)段落冒頭の空白記号がない
　　　以上に当てはまっていなければ、段落替えの位置が解答例と異なっていてもよい

D・英数字の全半角が仕様に沿っている
　　次の項目のうち、1項目当てはまっていたら部分点、2項目以上当てはまっていたら×
　　　1)全角の英字がある
　　　2)「GNP」「GDP」「GNI」「シンクタンクA」「シンクタンクB」で英字にすべき箇所が片仮名になっている、もしくは英字の間違い(例：GMI)
　　　3)全角のアラビア数字がある
　　　4)漢数字にすべき数字「一般」がアラビア数字「1般」になっている
　　　5)アラビア数字にすべき「1993年」「2兆円」「3兆円」「5年」「平成23年」

「6万5983行」のいずれかまたは全てが漢数字になっている、もしくは
数字の間違い(例:平成13年)や仕様の間違い(例:位取りカンマ不要
なのに6万5,983行)　※「一つ」と「一国」は採点対象としない

E・記号の使い方が仕様に沿っている

次の項目のうち、1項目当てはまっていたら部分点、2項目以上当てはまっていたら×
1) 仕様書に使用不可と明記されている　！？(笑)……　――　を使っている
※「…」なども同様に使用不可
2) 仕様書で使用不可と明記されている()「」『』" "のカッコ類を使っている
※[]〈〉【】なども同様に使用不可
3) ●や＝の箇所に音声のタイムが付記されている
4) 聴取不能箇所や確認できない箇所が、●や＝以外の記号で表現されている
5) 「17列掛ける6万9583行」の「掛ける」に記号を使う場合、アルファベットのXや
ローマ数字の10(X)を使っている　※乗算記号「×」は使用可

【自己採点してみよう】

チェックポイント
どのチェックポイントも正解20点、部分点は10点で採点します。

全体的な起こし方
前ページ～当ページ上部のほかに、仕様書も見ながら確認しましょう。

チェックポイント （1つ20点、部分点10点）									
①	点	⑤	点	⑨	点	⑬	点	⑰	点
②	点	⑥	点	⑩	点	⑭	点	⑱	点
③	点	⑦	点	⑪	点	⑮	点	⑲	点
④	点	⑧	点	⑫	点	⑯	点	⑳	点

全体的な起こし方		
\(音声の2分30秒以上起こした場合は1つ20点、部分点10点\) \(音声の2分30秒未満まで起こした場合は1つ10点、部分点5点\)		
A	不要な文字や記号が入力されていない	点
B	句読点のバランスが取れている	点
C	段落替えのバランスが取れている	点
D	英数字の全半角が仕様に沿っている	点
E	記号の使い方が仕様に沿っている	点
	500点中	点

第2回の過去問題にチャレンジする前に――

実技編　第1回を採点しながら、採点方法を理解しよう

◆仕様書「修正処理など」の採点について
　　　ニュースに出てくるのはほとんどがGDPになっていますね。
　　　ニュースに出てくるのはほとんどがGDPになっています。

　語尾の終助詞「ね」などは、記録性重視の硬いトーンで起こす場合は不要語としてある程度削除し、談話の雰囲気の再現を重視する場合はくどくならない範囲で残します。第1回実技編の問題は講演音声のごく一部という設定であり、仕様書にも詳しい指定はないため、「ね」は残しても削除しても構わないとされています。終助詞「ね」以外の、仕様によっては不要語とみなされ得る語についても同様です。

　チェックポイントでは、「あのー」「えーと」などや言い間違いは、明らかな不要語とみなして採点されます。また、仕様書に明示された処理として、センテンスの中の「ですね、」や、い抜き言葉の修正について、採点されるチェックポイントがあります。

　一方、「全体的な起こし方」には、不要語の処理や変化した音の修正についての採点項目はありません。ですから、直接チェックポイントになっていない言葉の修正処理の加減については、加点も減点もされません。

◆不明箇所の処理について
　チェックポイント以外の部分に●や＝があった場合、減点はされません。

◆漢字の読み仮名について
　第1回実技編の仕様は（）使用不可であり、読み仮名を添えることはできません。
　また、第1回実技編に出てくる言葉はいずれも常用漢字であり、読み仮名を添えるべき言葉はありません。

◆採点対象にならなかったミスについて
　『音声起こし技能テスト』では、チェックポイントになっていない部分の誤字などは採点されません。
　※英数字や句読点、記号は、「全体的な起こし方」のほうで採点されます。

■第2回テスト① 【知識編】問題

圧縮ファイル：chishiki_dai2kai_1.zip　パスワード：ah5854yw

圧縮ファイルの内容：chishiki_dai2kai_1.mp3

※音声は標準語の高低アクセントと異なることがあります。また、発音が明瞭であるとは限りません。

※特に指定がない設問では、**英字とアラビア数字は半角で**解答してください。

問題1（第1領域）

聞き取り間違いをしている部分の番号を3つ選びなさい。

今こそ、われわれが（1）目立つまちづくりのために、この緑豊かな（2）地域環境を守るために、自然林を（3）保存していこうという（4）急務を考えることが（5）管掌なのではないかと、（6）愚考する次第であります。

問題2（第1領域）

聞き取り間違いを探し、その語句と正しい語句を記入しなさい。

僕がスリランカに転勤するまでは、木住野さんと僕はわりとコンビだったんです。先方はお客さんではありましたけど、新人のときから会社の先輩のように接してくれていました。

問題3（第2領域）

空欄に当てはまる言葉を書きなさい。

法律の名前は長くて難しいので、例えば「犯罪被害者等の権利利益の保護を図るための（1）【　　　】に（2）【　　　】措置に関する法律」なら（3）【　　　】という略称で呼ばれることがあります。

問題4（第2領域）

空欄に当てはまる言葉を書きなさい。

| もともとは（1）【　　　】志望だったんですけど、祖母がリハビリで（2）【　　　】さんにお世話になったんです。それでコメディカルってすごいと思って、今は（3）【　　　】を目指しています。 |

問題5（第2領域）

空欄に当てはまる言葉を書きなさい。

| 地図で下というか南が上越、北が（1）【　　　】になります。京都に近い方が（2）【　　　】だった（3）【　　　】ですね。 |

問題6（第3領域）

空欄に当てはまる言葉を書きなさい。

| 村長の発言から（1）【　　　】の意味を（2）【　　　】、国庫支出金の方でこれに該当する交付金があるから、（3）【　　　】ってことなんです。 |

問題7（第3領域）

空欄に当てはまる言葉を書きなさい。

| 私にしたら（1）【　　　】の大災害に遭ったようなものです。彼から（2）【　　　】を取って、（3）【　　　】でごまかすなんていうことはさせないようにしますよ。 |

問題8（第3領域）

空欄に当てはまる語句を書きなさい。

遠くは北海道から私の (1)【　　　】講話を聞きに来てくださったそうですね。(2)【　　　】皆さんにお会いできて大変幸せです。どうぞお体を (3)【　　　】くださいね。

問題9（第4領域）

空欄に当てはまる言葉を書きなさい。

パッケージのシステムを使うポイントは、ある程度パターン化して (1)【　　　】することです。でも、(2)【　　　】の方法のままで (3)【　　　】にやらせたい会社が多いですね。

問題10（第4領域）

空欄に当てはまる言葉を書きなさい。

(1)【　　　】がわがままなんて単なる通説ですよ。ただ、(2)【　　　】を気取っていたら駄目なんです。外様とか (3)【　　　】とか意識し過ぎじゃないですか。

問題11（第4領域）

空欄に当てはまる言葉を、仕様に従って書きなさい。

仕様：アラビア数字は1桁全角、2桁以上半角

(1)【　　　】社長が心配という声も頂きましたが、幸いにも最初の (2)【　　　】は好調でした。株価は (3)【　　　】で安定しております。

問題12（第5領域）

語順を入れ替えたほうが意味を理解しやすいところを、1カ所だけ、例と同様の形で直して、文全体を記入しなさい。

（問題例）幸いなことに家は全焼しましたが、家族は無事でした。
（解答例）家は全焼しましたが、幸いなことに家族は無事でした。

> あなたの思いは理解できましたから、先にそういう話は後にして、結論を言ってほしいんですよ。

問題13（第5領域）

言いやすさなどのために音が変化した部分を、本来の言い方に直して書きなさい。

> (1)【　　　】選択肢は、よほどのことを(2)【　　　】、あるはずです。最初から(3)【　　　】のは良くないですよ。

問題14（第5領域）

仕様に従った場合の下線部の起こしを書きなさい。

仕様：重複した表現を整理する

> <u>ページは資料45ページのページをお開きして</u>ください。

問題15（第6領域）

空欄に当てはまる言葉を書きなさい。

> 音声起こしの関連分野に、テレビ番組や(1)【　　　】のための(2)【　　　】があります。スポーツ中継などに(3)【　　　】で文字を表示する仕事と、動画を受け取ってじっくり作業できる仕事に分かれます。

問題16（第6領域）

空欄に当てはまる言葉を書きなさい。

音声起こしの仕事においては、頻繁に（1）【　　　】を行います。ですから、（2）【　　　】や（3）【　　　】はいつも最新版に更新されるように設定しておきましょう。

問題17（第6領域）

空欄に当てはまる言葉を書きなさい。

（1）【　　　】は会社や発注者によって異なります。（2）【　　　】の正確さとともに、いわゆる（3）【　　　】に柔軟に対応することも求められます。

解答と解説は→63ページ

■第2回テスト① 【実技編】問題・仕様書

圧縮ファイル：jitsugi_dai2kai_1.zip　パスワード：sr2470nj

圧縮ファイルの内容：jitsugi_dai2kai_1.mp3

下記の仕様に従って、音声を起こしてください。

仕　様　書

話の内容と話者の情報	市議会議員の後援会における、議員本人のスピーチの一部。
資料	なし。
本文の入力方法	1行目から入力する。話者名を立てる必要はない。 話の内容が変わるところなど、切りのいいところで段落替えする。 段落替えは8～9個程度。各段落の冒頭は全角スペース1個を入力。 本文の途中に空白行は入れない。
漢字、平仮名、片仮名の表記	内閣告示を基本とし、具体的には新聞表記と速記表記のどちらかを選択。
英数字の表記	漢数字で表記する慣用が強い語は漢数字、それ以外は半角のアラビア数字。万以上で単位語を入れる。位取りカンマを入れる。英字も半角。
句読点や記号	句読点は「、　。」を使う。「」『』（）　・　使用可。 ……　使用可。　？　！　（笑）　――　使用不可。句読点、記号いずれも全角。
不明箇所の処理	1）音声内容と仕様書からは確定できない固有名詞など→片仮名で入力し、初出のみ文字列の両端に＝（下駄記号）を入力。＝は「げた」と入力して変換すると、変換候補に表示される。 2）聞き取れなかった部分→文字数にかかわらず●（黒丸記号）1個を入力。 3）聞き取りまたは表記に確信がない部分→適宜、片仮名書きなど。 いずれもタイムの付記は不要。
修正処理など	1）不要語の処理→行う（独り言や言い間違いも削除）。 　　センテンス途中の「ですね」は不要語とみなして削除。例：「私はですね、今こそですね、社会において」→「私は今こそ社会において」 2）変化した音の修正（例：やっちゃって→やってしまって）、い抜き言葉などの修正、助詞の修正・補い→いずれも行う。 3）語順の変更→行わない。

解答と解説は→67ページ

■第2回テスト① 【知識編】解答・解説

【新】→新聞表記　【速】→速記表記

問題1の答え

　【新】【速】　1　4　5

　　実際はこう言っている→(1)目指す　(4)機運を高める　(5)肝要
　　問題文にカッコは入力不要とあるが、(1)などでも〇。

問題2の答え

　【新】【速】(誤)コンビ　(正)懇意

　　抜き出された長さが正誤で同じであれば「コンビに」と「懇意に」などでもよい。
　　「木住野」は「きしの」と読まないのでは？　そこが間違いでは？と疑いがちだが、ネット検索してみると、そういう姓が実在することを確認できる。

問題3の答え

　【新】【速】(1)刑事手続　(2)付随する　(3)犯罪被害者保護法

　　(1)法律名は固有名詞なのでその表記に従い、送り仮名を付けない。ネット検索して、正しい
　　　　名称を確認しよう。
　　(2)×附随する

問題4の答え

　【新】【速】(1)ナース　(2)PT　(3)視能訓練士

　　(2)「特に指定がない設問では、英字とアラビア数字は半角で解答」と問題冒頭にあるので、
　　　　全角「ＰＴ」は×。PTは理学療法士のこと。
　　(3)「技能訓練士」は×。そういう医療関係の資格や職業名は存在しない。

問題5の答え

　【新】【速】(1)下越　(2)上　(3)名残

　　(1)「地図」「上越」という言葉を手がかりに、新潟県の地理的な話題だと推測する。
　　(2)「上」の読み方としての「かみ」を、日ごろ耳にすることが少ない地域もある。ここでは「南が
　　　　上越」という発言から「南が上」、上の読み方には「かみ」があるという順に、推測する。
　　(3)×「名残り」　「名残→なごり」の読みは、常用漢字表の付表で認められている。

問題6の答え

【新】(1)言外　(2)くみ取れば　(3)充当できる
【速】(1)言外　(2)酌み取れば　(3)充当できる

(1)正しい読み方は「げんがい」だが、ここでは「ごんがい」と発音されている。

問題7の答え

【新】【速】(1)未曽有　(2)言質　(3)代替品

(1)誤った読み方「みぞゆう」で発音されている。×「未曾有」
(2)「言質→げんち」の読みは、常用漢字表で認められている。
(3)正しい読み方は「だいたいひん」だが、ここでは「だいがえひん」と発音されている。

問題8の答え

【新】(1)拙い　(2)ゆくりなくも　(3)おいとい
【速】(1)つたない　(2)ゆくりなくも　(3)おいとい

(1)【速】常用漢字表に採用されている読みだが、平仮名とされている。
(3)【新】常用漢字表に採用されていない訓読みの言葉は平仮名とされている。
　　×「お厭い」「お厭(いと)い」

問題9の答え

【新】【速】(1)アウトソーシング　(2)自社固有　(3)ITエンジニア

(1)「アウト・ソーシング」というふうに区切って発音されているが、2語の外来語では「・」不要。外来語の書き方のページに掲載されている。
(3)エンジニヤと発音されている。ITは半角。

問題10の答え

【新】(1)一人っ子　(2)一匹おおかみ　(3)アウェー
【速】(1)一人っ子　(2)一匹オオカミ　(3)アウェー

(2)【新】動物名は基本的に片仮名だが、一匹おおかみはひとまとまりの表現として、この表記になる。
(3)【速】「ェ」を小書き文字にしない。

問題11の答え

【新】【速】(1)3代目　(2)四半期　(3)五百数十円

(1)×→「3」が漢数字や半角アラビア数字、「代」が「台」など、「目」が平仮名。
(2)「4半期」という表記にすると、「だいいちしはんき」が「第14半期」になるなど、意味を理解しにくくなる。そのため、「四半期」と漢数字を使う。
(3)「500数10円」だと何桁ある数字なのか分かりにくい。概数は漢数字を使う。

問題12の答え

【新】【速】　あなたの思いは理解できましたから、そういう話は後にして、
　　　　　先に結論を言ってほしいんですよ。

次の項目はそれぞれ10点減点。(ただし4つ以上あってもマイナスにはしない)
1字までの誤字脱字、「、」が2個ない、「、」の位置が違う、「。」がない、問題と表記の違う単語がある(「想い」など)

問題13の答え

【新】【速】(1)それは　(2)やってしまっていなければ　(3)決めてしまっている

(2)△やってしまってなければ　「やっちゃってなきゃあ」は、「やってしまって・いなければ」(「いる」の否定と仮定)か、「やってしまって・なければ」(「ない」の仮定)かが判断しにくい。ここでは「いなければ」を〇、「なければ」を△とした。
(3)「決めちゃってる」を、「ちゃって→しまって」「る→いる(い抜き表現の直し)」と、直す内容が2つあることに注意。×「決めちゃっている」「決めてしまってる」

問題14の答え

【新】【速】　資料45ページをお開き

次の項目はそれぞれ10点減点。1字までの誤字脱字、途中に「、」がある、問題と表記の違う単語がある、全角45になっている。
「ページは資料45ページのページをお開きして」には「ページ」という言葉が3回も出てくるので、まずこれを整理する。
後半の「お開きして」も不自然。「45ページを開いてください」でも大きな問題はないが、話者は尊敬語の表現を使いたかったと解釈できるので「お開きください」のほうが無難。

問題15の答え

【新】【速】(1)動画コンテンツ　(2)字幕入力　(3)リアルタイム

問題16の答え

【新】【速】(1)ネット検索　(2)ブラウザー　(3)セキュリティーソフト

　　語尾の-erや-yは、基本的に長音符号「ー」が必要とされている。
　　2語の外来語では基本的に「・」を付けないため、「セキュリティー・ソフト」は×。

問題17の答え

【新】【速】(1)表記ルール　(2)聞き取り　(3)ハウスルール

【自己採点してみよう】

　次のような配点で採点してください。部分点はそれぞれの配点の半分とします。

　ただし、配点30点の問題の部分点は、それぞれの解答と解説を参照してください。

1		10点		10点		10点	11	(1)	10点	(2)	10点	(3)	10点
2	(誤)	10点	(正)	10点			12						30点
3	(1)	10点	(2)	10点	(3)	10点	13	(1)	10点	(2)	10点	(3)	10点
4	(1)	10点	(2)	10点	(3)	10点	14						30点
5	(1)	10点	(2)	10点	(3)	10点	15	(1)	10点	(2)	10点	(3)	10点
6	(1)	10点	(2)	10点	(3)	10点	16	(1)	10点	(2)	10点	(3)	10点
7	(1)	10点	(2)	10点	(3)	10点	17	(1)	10点	(2)	10点	(3)	10点
8	(1)	10点	(2)	10点	(3)	10点							
9	(1)	10点	(2)	10点	(3)	10点							
10	(1)	10点	(2)	10点	(3)	10点	500 点中　　　　　点						

one point　音声について

　『音声起こし技能テスト』で使われる音声は、発声の訓練を受けていない普通の人の発音です。標準的とされている高低アクセントとは異なるしゃべり方の音声や、難しい言葉でつっかえ気味になっている音声もあります。

　実際の会議やスピーチなどの録音でも、発言者によって話し方はさまざまです。自分が思っているのと違う発音や高低でも正しく聞き取れるようにしましょう。

第2回テスト① 【実技編】解答・解説

新聞表記 起こし例

　皆さん、今日はお集まりいただきまして、ありがとうございます。皆さんのお顔が見られまして、遠く①長崎は平戸から帰ってきたかいがありました。今日はいろいろ励ましのお言葉も頂きましたけれども、議員報酬について市民の皆さんからご不満の声が届いているということも聞いております。これについては、議会の広報活動の在り方をなんとかしなければいけないと、私も②お訴えをしてきております。われわれは活動していない③というわけではなくて、これは広報の不足と、市民の皆さんへの情報提供の少なさといいますか、情報の行き渡らなさだと思うわけです。

　今、われわれの広報活動としては、新聞に折り込んでいる広報紙「④＝キズナ＝」での報告ですね。「あんなものはちゃんと読んだことがない」という話をよく聞いています。それから、議会中継の動画放映もあります。これは市のホームページから見ることができますが、これも見ている人が非常に少ないです。なんとこれは月に30人ぐらいしか見ていないと。⑤17万231人の市民がいてですよ。びっくりしました。あれはなかなかお金がかかっているんですよ。⑥見積料金を見たら数十万ではききませんでした。それにしては、効果が少な過ぎます。⑦期末純資産高が⑧2,676億8,621万円というわが市でも、安いお金ではないわけです。

　それで、先ほどお配りしていただいた資料をご覧ください。これはある市でやっているんですけれども、社会科見学みたいな感じで、小学生に議会を傍聴してもらうというのはどうでしょうか。その市では、1回につき1校という形で学校ごとに⑨傍聴しに来てもらっているそうです。子どもが来るということは親も議会の傍聴を知るということですから、何倍かの効果があるんじゃないでしょうか。お会いする教育関係の方ごとに意見を伺っていますが、皆さん、それはぜひやってほしいと言ってくださっています。これについては、今後議会で提案してまいります。

　市長にちょっとオフレコで意見を聞いてみたところ、ほかの住民の皆さんが落ち着いて傍聴できなくなる⑩蓋然（がいぜん）性がある[1]なんて言っていましたけれども、それはちゃんとスケジュールを組んで、重ならないようにすればいいだけのことです。こういうように、自宅でも見られますよ⑪というところから視点を変えて、議会に人を呼ぶと。

---

[1]「蓋然性（がいぜんせい）がある」までで2分30秒。次の「なんて」が文字化されていれば2分30秒以上起こせているとみなす。

それから、⑫市制50周年のシンポジウムがあります。これにも子どもさん、中学生なんかを学校ごと呼ぶのもいいのではないでしょうか。

　それから、住民の皆さんとの懇談会。これは評判がいいです。直接言いたいことを言えるというのは、やっぱりいい。それと年齢的なものもあるでしょうね。動画とかああいうものは、やっぱり若い方の見るものなんでしょうね。⑬ストリーミング配信なんてことを言っても、⑭よわい70の人は分からないですよ。

　広報紙はそういう年齢的なもので言うと、紙で自宅に届くんですから見てもらえそうなんですが、これもあんまり見たことがないと。高齢者にとっては字が小さかったりするのかもしれません。それから、子育てなんて若い世代向けの情報ばかりだなんて話もありましたね。

　これの話を聞いたのは、前回の、⑮＝ヒトヒラチョウ＝の囲む会なんです。やっぱり、市民の皆さんとの触れ合いなんですよ。リアルな触れ合い。われわれの⑯広報紙のように、絆が感じられる、⑰温かさのあるコミュニケーションですね。

　報告会、懇談会、囲む会、インターネットももちろん使用はしていきますが、われわれ議員がどんなに活動をしてきたという報告会を、市民センターなんかを借りてもっとやった方がいいですね。われわれ議員が⑱勇往邁進（まいしん）でやってきたことを、ちゃんと場をつくって報告する。そういう場が少ないのではないかと思いますね。

　⑲霞が関に陳情に行くのもわれわれの仕事ですけれども、それをやってきましたよと、できるだけ多くの住民の皆さんに直接ご報告していくというのも重要な仕事だと、こう思うわけです。ある意味われわれは特に、広報マンとしての⑳片りんを見せなければならない場面だと思うわけです。

※「世代」は「世帯」とも聞こえる。他にも同様の箇所があるが、いずれもチェックポイントではないので採点には影響しない。

　音声起こしに一つの完全な正解というものはありません。人によって微妙に違うのが普通です。
・段落替えの位置や句読点の位置は解答例と違っていてもよい
・表記は解答例と多少違っていてもよい（新聞表記から大きくはずれた表記はNG）

速記表記 起こし例

　皆さん、きょうはお集まりいただきまして、ありがとうございます。皆さんのお顔が見られまして、遠く①長崎は平戸から帰ってきたかいがありました。きょうはいろいろ励ましのお言葉もいただきましたけれども、議員報酬について市民の皆さんから御不満の声が届いているということも聞いております。これについては、議会の広報活動のあり方を何とかしなければいけないと、私も②お訴えをしてきております。我々は活動していない③というわけではなくて、これは広報の不足と、市民の皆さんへの情報提供の少なさといいますか、情報の行き渡らなさだと思うわけです。

　今、我々の広報活動としては、新聞に折り込んでいる広報紙「④＝キズナ＝」での報告ですね。「あんなものはちゃんと読んだことがない」という話をよく聞いています。それから、議会中継の動画放映もあります。これは市のホームページから見ることができますが、これも見ている人が非常に少ないです。何とこれは月に30人ぐらいしか見ていないと。⑤17万231人の市民がいてですよ。びっくりしました。あれはなかなかお金がかかっているんですよ。⑥見積料金を見たら数十万ではききませんでした。それにしては、効果が少な過ぎます。⑦期末純資産高が⑧2,676億8,621万円という我が市でも、安いお金ではないわけです。

　それで、先ほどお配りしていただいた資料をごらんください。これはある市でやっているんですけれども、社会科見学みたいな感じで、小学生に議会を傍聴してもらうというのはどうでしょうか。その市では、1回につき1校という形で学校ごとに⑨傍聴しに来てもらっているそうです。子供が来るということは親も議会の傍聴を知るということですから、何倍かの効果があるんじゃないでしょうか。お会いする教育関係の方ごとに御意見を伺っていますが、皆さん、それはぜひやってほしいと言ってくださっています。これについては、今後議会で提案してまいります。

　市長にちょっとオフレコで意見を聞いてみたところ、ほかの住民の皆さんが落ちついて傍聴できなくなる⑩蓋然性がある[1]なんて言っていましたけれども、それはちゃんとスケジュールを組んで、重ならないようにすればいいだけのことです。こういうように、自宅でも見られますよ⑪というところから視点を変えて、議会に人を呼ぶと。

　それから、⑫市制50周年のシンポジウムがあります。これにも子供さん、中学生なんかを学校ごと呼ぶのもいいのではないでしょうか。

　それから、住民の皆さんとの懇談会。これは評判がいいです。直接言いたいことを言え

---

[1] 「蓋然性がある」までで2分30秒。次の「なんて」が起こせていれば、2分30秒以上起こせているとみなす。

るというのは、やっぱりいい。それと年齢的なものもあるでしょうね。動画とかああいうものは、やっぱり若い方の見るものなんでしょうね。⑬ストリーミング配信なんてことを言っても、⑭よわい70の人はわからないですよ。

　広報紙はそういう年齢的なもので言うと、紙で自宅に届くんですから見てもらえそうなんですが、これもあんまり見たことがないと。高齢者にとっては字が小さかったりするのかもしれません。それから、子育てなんて若い世代向けの情報ばかりだなんて話もありましたね。

　これの話を聞いたのは、前回の、⑮＝ヒトヒラチョウ＝の囲む会なんです。やっぱり、市民の皆さんとの触れ合いなんですよ。リアルな触れ合い。我々の⑯広報紙のように、きずなが感じられる、⑰温かさのあるコミュニケーションですね。

　報告会、懇談会、囲む会、インターネットももちろん使用はしていきますが、我々議員がどんなに活動をしてきたという報告会を、市民センターなんかを借りてもっとやった方がいいですね。我々議員が⑱勇往邁進でやってきたことを、ちゃんと場をつくって報告する。そういう場が少ないのではないかと思いますね。

　⑲霞が関に陳情に行くのも我々の仕事ですけれども、それをやってきましたよと、できるだけ多くの住民の皆さんに直接御報告していくというのも重要な仕事だと、こう思うわけです。ある意味我々は特に、広報マンとしての⑳片りんを見せなければならない場面だと思うわけです。

※「世代」は「世帯」とも聞こえる。他にも同様の箇所があるが、いずれもチェックポイントではないので採点には影響しない。

　音声起こしに一つの完全な正解というものはありません。人によって微妙に違うのが普通です。
・段落替えの位置や句読点の位置は解答例と違っていてもよい
・表記は解答例と多少違っていてもよい（速記表記から大きくはずれた表記はNG）

【新】→新聞表記　【速】→速記表記

チェックポイント①
【新】【速】　長崎は平戸

話者がどこの市議であるかは情報がないが、出張などで長崎県平戸市に行っていたと推測できる。

チェックポイント②
【新】【速】　お訴え

日常生活ではあまり使われない表現。前後の話から意味を考えながら聞いてみよう。
第2回①の実技編の中で最も正答率の低いチェックポイントだったと、試験結果通知において発表された。立場や職業による独特の言い回しは気付きにくく、聞き取りの要注意箇所。

チェックポイント③
【新】【速】　というわけではなくて、

「なくてですね、」と発話されているが、仕様により「ですね」は起こさない。
ここは意味的に「、」が必要な箇所であり「、」がなかったら×。
「と言う」や「訳」は×。

チェックポイント④
【新】【速】　＝キズナ＝

仕様書で、確定できない固有名詞は＝と片仮名とされているので、＝きずな＝は×。
＝キヅナ＝は△。カギカッコの有無は採点対象ではない。ただし、仕様で使えないカッコが使われていた場合は「全体的な起こし方」のEで減点。

チェックポイント⑤
【新】【速】　17万231人

○「17万0,231人」
仕様書に「万以上で単位語を入れる。位取りカンマを入れる」とあるので、「170,231人」は×。

チェックポイント⑥
【新】【速】　見積料金

経済関係複合語であり、送り仮名を付けない。

チェックポイント⑦

【新】【速】　期末純資産高

　　会計用語。思い込みで「期末資産高」「期末資産残高」「期末純資産」などにしないよう、丁寧に聞き取ろう。

チェックポイント⑧

【新】【速】　2,676億8,621万円

　　「267億……失礼、2,676億8,621円」と発話されている。仕様により、言い間違いは起こさない。単位語「億」「万」や、位取りカンマの使い方を、仕様通りに。

チェックポイント⑨

【新】【速】　傍聴しに来てもらっている

　　発話「来てもらってる」だが、仕様によりい抜き表現を直す。

チェックポイント⑩

【新】　蓋然（がいぜん）性があるなんて
【速】　蓋然性があるなんて

　　「なーんて」は仕様により「なんて」とする。〇"がある"なんて" "がある、なんて" "あるなどと"
　　×"ある。"なんて"　閉じカギカッコの直前には句点を付けない。
　　【速】常用漢字表外字でも音読みの語は漢字を使い、読み仮名を添えない。

チェックポイント⑪

【新】【速】　というところから視点を変えて

　　〇「というところから、視点を変えて」

チェックポイント⑫

【新】【速】　市制

　　町から市になった（市制が敷かれた）ときから50年という意味であるので、「市政」は×。

チェックポイント⑬

【新】【速】　ストリーミング配信

　　動画をインターネット上で見せる方法の一つ。

チェックポイント⑭

【新】【速】　よわい

　　常用漢字表に採用されていない訓読みの言葉は、基本的に平仮名。

チェックポイント⑮

【新】【速】　＝ヒトヒラチョウ＝

　　音としてははっきり聞き取れる。しかし、話者がどこの市議であるかの情報がないため、表記を特定できず、＝が必要。〇「＝ヒトヒラ＝町」

チェックポイント⑯

【新】【速】　広報紙のように

　　前半で「新聞に折り込んでいる」という発言があり、厚みのある冊子ではないと判断できるので×「広報誌」。×「の様に」

チェックポイント⑰

【新】【速】　温かさ

　　「暖かさ」は主に気象や気温に使うとされているため×。

チェックポイント⑱

【新】　勇往邁進（まいしん）

【速】　勇往邁進

　　【新】「勇往邁進（ゆうおうまいしん）」も〇。新聞表記のうち共同通信社『記者ハンドブック』では邁進は「まい進」だが、四字熟語の場合は交ぜ書きを避け、熟語全体か2文字に読み仮名を付けるとされている。

チェックポイント⑲

【新】【速】　霞が関

　　中央官庁の代名詞のように使われている。町名としては「霞が関」であるため、「霞ヶ関」「霞ケ関」「霞ガ関」は×。

チェックポイント⑳

【新】【速】　片りん

　　【新】【速】とも、用字用語のページで確認できる。

◆全体的な起こし方◆

【「全体的な起こし方」全部に共通の採点基準】
■音声の2分30秒以上起こした場合は1つ20点、部分点10点。
　音声の2分30秒未満まで起こした場合は1つ10点、部分点5点。
■チェックポイントで採点された項目は、全体的な起こし方では採点されない。

A・不要な文字や記号が入力されていない

次の項目のうち、1項目当てはまっていたら部分点、2項目以上当てはまっていたら×
　　1）不要な空白記号がある
　　2）不要なタブ記号がある
　　3）機種依存文字や環境依存文字などが使われている
　　4）明らかに発言されていない言葉が挿入されている

B・句読点のバランスが取れている

次の項目のうち、1項目当てはまっていたら部分点、2項目以上当てはまっていたら×
　　1）全く「。」のない部分が極端に続く
　　2）全く「、」のない部分が極端に続く
　　3）句読点の不適切な連続「、、」「、。」「。、」「。。」
　　4）句読点に半角の「,」「.」が使われている
　　5）句読点に「,」や「.」が使われている
　　以上に当てはまっていなければ、句読点の位置が解答例と異なっていてもよい

C・段落替えのバランスが取れている

次の項目のうち、1項目当てはまっていたら部分点、2項目以上当てはまっていたら×
　　1）空白行が途中や冒頭にある
　　2）センテンスの途中に不要な改行マークが入っている
　　3）極端に段落替えなく続く部分がある、または仕様書に指定された段落数よりかなり多い・少ない
　　4）段落冒頭の空白記号が半角
　　5）段落冒頭の空白記号がない
　　以上に当てはまっていなければ、段落替えの位置が解答例と異なっていてもよい

D・英数字の全半角が仕様に沿っている

次の項目のうち、1項目当てはまっていたら部分点、2項目以上当てはまっていたら×
　　1）全角のアラビア数字がある
　　2）漢数字にすべき数字「数十万」が「数10万」になっている
　　3）アラビア数字にすべき「30人」「1校」が漢数字になっている
　　※「1回につき」、「50周年」、よわい「70」は採点対象としない
　　4）英字がある(ホームページをHPと書くなど)

E・記号の使い方が仕様に沿っている

次の項目のうち、1項目当てはまっていたら部分点、2項目以上当てはまっていたら×
　　1）仕様書に使用不可と明記されている　！　？　（笑）　──　を使っている
　　2）「……」でなく「・・・」などを使っている
　　3）「」『』()以外のカッコ類を使っている
　　4）●や＝の箇所に音声のタイムが付記されている
　　5）聴取不能箇所や確認できない箇所が、●や＝以外の記号で表現されている

【自己採点してみよう】

チェックポイント
どのチェックポイントも正解20点、部分点は10点で採点します。

全体的な起こし方
前ページのほかに、仕様書も見ながら確認しましょう。

チェックポイント（1つ20点、部分点10点）									
①	点	⑤	点	⑨	点	⑬	点	⑰	点
②	点	⑥	点	⑩	点	⑭	点	⑱	点
③	点	⑦	点	⑪	点	⑮	点	⑲	点
④	点	⑧	点	⑫	点	⑯	点	⑳	点

全体的な起こし方		
（音声の2分30秒以上起こした場合は1つ20点、部分点10点）		
（音声の2分30秒未満まで起こした場合は1つ10点、部分点5点）		
A	不要な文字や記号が入力されていない	点
B	句読点のバランスが取れている	点
C	段落替えのバランスが取れている	点
D	英数字の全半角が仕様に沿っている	点
E	記号の使い方が仕様に沿っている	点
	500点中	点

---

one point　記号類の使い方

『音声起こし技能テスト』実技編の仕様書には　？　！　（笑）などが使用可と記載されていても、起こし例ではどれも使われていないことがあります。極端にトークの雰囲気を再現する起こし方は別として、一般的な音声起こしでは、これらの記号を使わずに意味が通じるところなら、使わずに文字化します。

実務においては、「速報性が求められるイベントの発言記録」「何年も継続して開催される会議の議事録」などで、複数の作業者が携わって文字起こしすることがよくあります。「！」などの使い方は人によって解釈の違いが大きいため、できるだけ使わないほうが原稿の一貫性を保てるのです。

■第2回テスト② 【知識編】問題

圧縮ファイル：chishiki_dai2kai_2.zip　パスワード：jz1572hg

圧縮ファイルの内容：chishiki_dai2kai_2.mp3

※音声は標準語の高低アクセントと異なることがあります。また、発音が明瞭であるとは限りません。
※特に指定がない設問では、**英字とアラビア数字は半角**で解答してください。

問題1（第1領域）
聞き取り間違いをしている部分の番号を3つ選びなさい。

---
(1) 定義されている問題には (2) サイト共通項の両方が (3) あって、どちらも (4) 検討事項としては (5) 重要です。まずは (6) 入り口を変えて見る必要がありますね。

問題2（第1領域）
聞き取り間違いを探し、その語句と正しい語句を記入しなさい。

紙に書くというのもいいですけど、人に話すと今まで気付かなかったことに気付きますし、整理できます。ただ頭だけで考えていると効率化が悪いですよ。

問題3（第2領域）
空欄に当てはまる言葉を書きなさい。

---
(1)【　　　】は事業の (2)【　　　】を目的としていまして、事業の発展段階に応じた支援策があるそうです。(3)【　　　】のは平成26年です。

問題4（第2領域）

空欄に当てはまる言葉を書きなさい。

(1)【　　　】の不動産を探す前に、まず(2)【　　　】です。飲食店を出すと決めても、(3)【　　　】がどの程度必要かは、何を食べさせるかによっても違います。

問題5（第2領域）

空欄に当てはまる言葉を書きなさい。

(1)【　　　】は、人名漢字としては(2)【　　　】まで使われていたんです。現在の標準的なフォントには収録されていないので、(3)【　　　】を使うか、普通の平仮名に置き換えるかですね。

問題6（第3領域）

空欄に当てはまる言葉を書きなさい。

国際イベントの経済効果と(1)【　　　】、観光市場の伸びも期待できます。ここは(2)【　　　】入れずに、5年後の顧客獲得のために(3)【　　　】取り組むべきです。

問題7（第3領域）

空欄に当てはまる言葉を書きなさい。

条件は悪くないんですから、(1)【　　　】態度で面接に(2)【　　　】、女性だから(3)【　　　】会社がないなんてことはないはずですよ。

問題8（第3領域）

空欄に当てはまる言葉を書きなさい。

私の国語力は、(1)【　　　】読書習慣のおかげです。でも、小さいときの貯金だけではいわゆる (2)【　　　】だと言われたので、(3)【　　　】の意気で今も読書は続けています。

問題9（第4領域）

空欄に当てはまる言葉を書きなさい。

(1)【　　　】のショールとか、かなり高いブランド物の (2)【　　　】を買っていたんです。でも、それだけで (3)【　　　】にされるなんて理不尽ですよ。

問題10（第4領域）

空欄に当てはまる言葉を書きなさい。

(1)【　　　】は、(2)【　　　】のオリンピック取材で行ったんです。もちろん (3)【　　　】も取材しますよ。

問題11（第4領域）

空欄に当てはまる言葉を、仕様に従って書きなさい。

仕様：アラビア数字は1桁全角、2桁以上半角

次に、(1)【　　　】、女性の患者さんの事例です。この春、(2)【　　　】から治療を開始しまして、今 (3)【　　　】ですね。血液検査は毎月行っております。

問題12（第5領域）

仕様に従った場合の空欄部分の起こしを書きなさい。

仕様：重複や言い間違い等を整理する

| 基本的には、【　　　】んです。 |

問題13（第5領域）

仕様に従った場合の空欄部分の起こしを書きなさい。

仕様：言いやすさなどのために音が変化した部分を、本来の言い方に直す

| 一番（1）【　　　】に注目するとまずいと思うんです。この表だと、このプロセスが（2）【　　　】だと思うので、何か今後も（3）【　　　】仕組みを見つけたいと思います。 |

問題14（第5領域）

仕様に従った場合の下線部の起こしを書きなさい。

仕様：間投詞や独り言、言い間違い等は起こさない

| このデータが、<u>アップデートじゃなくて、アップサイド、アップロード</u>ができないんです。 |

問題15（第6領域）

空欄に当てはまる言葉を書きなさい。

| （1）【　　　】は、会議などの内容を記録として保存する有力な方法の一つです。しかし、音声や動画は（2）【　　　】や検索性が低いという欠点があります。文字に書き起こすことで、情報に（3）【　　　】しやすくなります。 |

問題16（第6領域）

空欄に当てはまる言葉を書きなさい。

会議の内容を簡潔にまとめた議事録は、要約、(1)【　　　】、(2)【　　　】などとも呼ばれます。決定事項のみを記録するものと、(3)【　　　】の内容を話者名も含めて短く記録するものがあります。

問題17（第6領域）

空欄に当てはまる言葉を書きなさい。

音声起こしにおいては、作業スピードと(1)【　　　】はいわば(2)【　　　】だと思われがちです。でも、(3)【　　　】を増やすことなどで作業効率を上げれば、速さと正確さを両立できます。

解答と解説は→82ページ

■第2回テスト② 【実技編】問題・仕様書

圧縮ファイル:jitsugi_dai2kai_2.zip　パスワード:ra6739re
圧縮ファイルの内容:jitsugi_dai2kai_2.mp3
下記の仕様に従って、音声を起こしてください。

仕　様　書

話の内容と話者の情報	地方自治体主催の女性創業セミナー。中小企業診断士が事業戦略についての講義を行っている。
資料	なし。ただし、話者は資料に沿ってしゃべっている。資料を読み上げている箇所は、資料に書いてあると思われる表記で記載。
本文の入力方法	１行目から入力する。話者名を立てる必要はない。 話の内容が変わるところなど、切りのいいところで段落替えする。 段落替えは8〜9個程度。各段落の冒頭は全角スペース１個を入力。 本文の途中に空白行は入れない。
漢字、平仮名、片仮名の表記	内閣告示を基本とし、具体的には新聞表記と速記表記のどちらかを選択。
英数字の表記	漢数字で表記する慣用が強い語は漢数字、それ以外は半角のアラビア数字。万以上で単位語を入れる。位取りカンマ不要。英字も半角。
句読点や記号	句読点は「、　。」を使う。「」『』（）　・　使用可。 ……　使用可。　？　！　（笑）　──　使用不可。句読点、記号いずれも全角。
不明箇所の処理	1）音声内容と仕様書からは確定できない固有名詞など→片仮名で入力し、初出のみ文字列の両端に＝（下駄記号）を入力。＝は「げた」と入力して変換すると、変換候補に表示される。 2）聞き取れなかった部分→文字数にかかわらず●（黒丸記号）１個を入力。 3）聞き取りまたは表記に確信がない部分→適宜、片仮名書きなど。 いずれもタイムの付記は不要。
修正処理など	1）不要語の処理→行う（独り言や言い間違いも削除）。 2）変化した音の修正→行わない。 3）語順の変更や発言を整える処理→原則として行わない。

解答と解説は→86 ページ

■第2回テスト② 【知識編】解答・解説

【新】→新聞表記　【速】→速記表記

問題1の答え

【新】【速】　1　2　6

実際はこう言っている→(1)提起　(2)差異と共通項　(6)切り口

問題2の答え

【新】【速】(誤)効率化が　(正)効率が

「効率化が悪い」という言い回しの不自然さに注意して聞くと、聞き取れる。
抜き出された長さが同じであれば「効率化」と「効率」などでもよい。

問題3の答え

【新】【速】(1)産業競争力強化法　(2)新陳代謝　(3)施行された

(1)法律の名称は固有名詞なので正確に聞き取ろう。
(3)「施行」は「しこう」とも「せこう」とも発音される。×「施工」「志向」など

問題4の答え

【新】【速】(1)店舗用　(2)エリアマーケティング　(3)商圏人口

(1)不動産、飲食店を出すといった言葉から、音楽などの速さを意味する「テンポ」でないことは明白。
(2)2語の外来語は原則として「・」を入れない。
(3)飲食店を出す話なので「証券人口」は違うと判断できる。

問題5の答え

【新】【速】(1)変体仮名　(2)昭和23年　(3)外字フォント

(1)×「変体がな」「変態仮名」
(2)「特に指定がない設問では、英字とアラビア数字は半角で解答」と問題冒頭にあるため、全角「23」は×。漢数字「昭和二十三年」「昭和二三年」も×。

問題6の答え

【新】【速】(1)相まって　(2)間髪　(3)心肝を砕いて

(1)常用漢字表に採用されていない漢字のうち、訓読みのものは基本的に平仮名とされている。また、用字用語のページでも確認できる。
(3)似たような言葉に「心胆」があるが、「心胆を寒からしめる」などの言い回しで使われる。音声は明らかに「しんかん」と聞き取れる。「しんかんをくだく」という言い回しが存在するかどうか、ネット検索などで確認すると、「心肝を砕く」を見つけることができる。

問題7の答え

【新】(1)真摯（しんし）な　(2)臨めば　(3)採ってくれる
【速】(1)真摯な　(2)臨めば　(3)採ってくれる

(1)女性の話題なので「紳士な態度」は違うと判断できる。
　【新】摯は常用漢字表に採用されたが、読み仮名を添えることになっている。
(2)×「望めば」
(3)就職の話題と判断できる。人を採用する意味であるので「とってくれる」「取ってくれる」は×。

問題8の答え

【新】(1)習い性となった　(2)羊質虎皮　(3)韋編（いへん）三絶
【速】(1)習い性となった　(2)羊質虎皮　(3)韋編三絶

(2)多少聞き慣れない言葉でも、常用漢字表に採用されている漢字と読みであれば、読み仮名を添える必要はない。
(3)【新】〇「韋編三絶（いへんさんぜつ）」　四字熟語は2字または4字で読み仮名を添えるとされているため。

問題9の答え

【新】【速】(1)カシミヤ　(2)ハンドバッグ　(3)スケープゴート

(1)カシミア、(2)ハンドバック、(3)スケープゴードと発音されている。いずれも正しい言い方で書く。

問題10の答え

【新】【速】(1)ノルウェー　(2)冬季　(3)リオデジャネイロ

(1)外国地名の欄に記載されている。×「ノルウェイ」「ノルウエー」
(2)×「冬期」
(3)外国地名の欄に記載されている。×「リオ・デ・ジャネイロ」

問題11の答え

【新】【速】(1)70代　(2)4月　(3)3カ月

(1)×「70台」　×全角数字「70代」
(2)ややつっかえ気味の発音で聞き取りにくいが、春と言っているので「7月」ではないと判断できる。
　　数字「4」は全角。知識編全体としては「特に指定がない設問では、英字とアラビア数字は半角で解答」と記載されているが、この問題11は「アラビア数字は1桁全角、2桁以上半角」と指示されているのでそれに従う。
(3)数字「3」は全角。×「ヶ月」「ケ月」「箇月」など　普通の片仮名の「カ」を使う。

問題12の答え

【新】【速】　私は皆さんがおっしゃるように思う

「皆さんがおっしゃるように私は思う」も○。次の項目はそれぞれ10点減点。
1字までの誤字脱字、「、」や「。」がある、問題と表記の違う単語がある、「おっしゃられる」。
二重敬語がすべて直すべき表現とはいえないが、「おっしゃら……おっしゃるように」と言い換えられており、「おっしゃられる」よりは「おっしゃる」と言いたかったと判断できる。

問題13の答え

【新】【速】(1)左側ばかり　(2)おはこというぐらい得意なところ　(3)つながっていける

(2)元の音声は「おはこってぐらい得意なとこ」。「って」と「とこ」の両方を直す。プロセスと言っており場所の話題ではないので、「所」は×。
「おはこ」は得意なものという意味であるため「特異な」は違うと判断できる。
　○「～というくらい～」
(3)×「繋がって」

問題14の答え

【新】【速】　アップロードができない

同じようなことを何度も口にしている。最後に言ったものが合っているから、それ以上似たようなことを言わなかったと判断できる。
助詞「が」を忘れないようにする。「アップロードできない」は×。

問題15の答え

【新】【速】(1)録音や録画　(2)一覧性　(3)アクセス

問題16の答え

【新】【速】(1)議事要旨　(2)レジュメ　(3)質疑

　　(2)×「レジメ」

問題17の答え

【新】(1)仕上がり精度　(2)トレードオフ　(3)語彙（ごい）

【速】(1)仕上がり精度　(2)トレードオフ　(3)語彙

　　(1)×「仕上り」「制度」
　　(2)×「トレード・オフ」
　　(3)【新】「彙」は常用漢字表に入ったが、読み仮名が必要とされている。

【自己採点してみよう】

次のような配点で採点してください。部分点はそれぞれの配点の半分とします。

ただし、配点30点の問題の部分点は、それぞれの解答と解説を参照してください。

1		10点		10点		10点	11	(1)	10点	(2)	10点	(3)	10点
2	(誤)	10点	(正)	10点			12						30点
3	(1)	10点	(2)	10点	(3)	10点	13	(1)	10点	(2)	10点	(3)	10点
4	(1)	10点	(2)	10点	(3)	10点	14						30点
5	(1)	10点	(2)	10点	(3)	10点	15	(1)	10点	(2)	10点	(3)	10点
6	(1)	10点	(2)	10点	(3)	10点	16	(1)	10点	(2)	10点	(3)	10点
7	(1)	10点	(2)	10点	(3)	10点	17	(1)	10点	(2)	10点	(3)	10点
8	(1)	10点	(2)	10点	(3)	10点							
9	(1)	10点	(2)	10点	(3)	10点							
10	(1)	10点	(2)	10点	(3)	10点		500点中				点	

第2回テスト② 【実技編】解答・解説

新聞表記　起こし例

　皆さん、こんにちは。①久米香と申します。ちょっと資料に名前を記載するのを忘れてしまったのですが、久しいにお米の米、香はいい香りの香、1文字です。大学を卒業してから②電子機器メーカーの営業をしておりまして、海外事業部の立ち上げなどを経験し、在職中に中小企業診断士の資格を取得しました。それから独立しまして、女性の起業、創業を支えたいということで10年間、主に女性の創業や経営に関する相談業務やコンサルティングを行っています。③今日のような女性の創業セミナーも15回ほど経験しています。今日はこのセミナーでのお時間を一部お借りして、創業についてお話しさせていただきたいと思います。

　既に起業、創業の基礎の基礎については学習が済んでいるということで、私の今日の役割は皆さんにマーケティング戦略について④お話しし、最後には実際に戦略を立てていただくというところです。戦略というと難しく感じるかもしれませんけれども、何千万とか⑤数十億とかいう規模で考えるわけではありません。⑥身の丈起業ということで、身近なところから一つ一つやっていきますので大丈夫です。会場をここのスタッフさんが巡回しておりますので、⑦分からないことがあったら聞いてください。

　まずは市場機会を見つけ出すということで、環境の分析をやっていきます。3C分析って、皆さん聞いたことあるでしょうか。PEST分析なんていうのもあります。それから内部環境の分析。四つの経営資源といいますけれども、⑧ヒト、モノ、カネ、情報。助成金の書類なんかでもこうやって片仮名でヒト、モノ、カネと書いてありますね。何やらえげつない感じに⑨映りますけれども。

　そして今日、実際に最後にやってみていただきますのが、SWOT分析というものがあります。⑩Sはこのように強み、Wは弱み、Oが機会、[1]Tが脅威。この四つの軸で自社を取り巻く環境と内部環境を分析する手法です。

　それから次の、ターゲット市場の選択。⑪セグメンテーションといって、顧客層をグループ分けして、選定し、その顧客層の中での自社商品のポジションを見つけ出すということです。

　そして最終的に、今回のテーマであるマーケティング戦略です。4Pとか⑫4Cというのを

---

[1] 「Oが機会、」までで2分30秒。次の「Tが」が起こせていれば、2分30秒以上起こせているとみなす。

聞いたことがありますか。4Cは⑬ご存じかもしれませんが、こちら、4Pというのは、この四つの英語の頭文字を取っているのです。日本語で言うなら価格、プロモーション、製品、流通ということになります。

さらに、こちらにアルファベットでしか書いていませんけれども、マーケティング用語として⑭AIDMAの法則というのもあります。消費者の購買決定の心理的プロセスですね。注意、⑮関心、欲求、記憶、行動というプロセスがあるということです。ここについては今日は今しか触れませんけれども、だいたいこのくらいの言葉を知っておいていただけると、今後の講義を受けるときも役立つかなと思います。

では、先ほど実際にやってみていただくというお話をしました。まずは、皆さんご自身の事業ではなく、私のほうで挙げた事例についてSWOT分析をやっていただきたいと思います。こちらが事例です。⑯飲食店の事例です。主婦の⑰＝カワカミ＝さんは、出産する前は⑱パティシエの仕事をしていました。自分のお店が欲しいというのが夢だったのですが、妊娠したときにハードワークを続けられないと判断して退職し、出産しました。その後、専業主婦をしていたのですが、子どもが小学校高学年になり、手を離れてきたので、自宅の周辺で以前から夢だったケーキ店を開きたいと考えました。ちょうど自宅がある地域で女性の起業支援事業が始まり、⑲当機立断ということで起業することを決意しました。そこで、⑳カワカミさんがケーキ店を開くための事業戦略を考えていきましょう。

音声起こしに一つの完全な正解というものはありません。人によって微妙に違うのが普通です。
・段落替えの位置や句読点の位置は解答例と違っていてもよい
・表記は解答例と多少違っていてもよい（新聞表記から大きくはずれた表記はNG）

速記表記　起こし例

　皆さん、こんにちは。①久米香と申します。ちょっと資料に名前を記載するのを忘れてしまったのですが、久しいにお米の米、香はいい香りの香、1文字です。大学を卒業してから②電子機器メーカーの営業をしておりまして、海外事業部の立ち上げなどを経験し、在職中に中小企業診断士の資格を取得しました。それから独立しまして、女性の起業、創業を支えたいということで10年間、主に女性の創業や経営に関する相談業務やコンサルティングを行っています。③きょうのような女性の創業セミナーも15回ほど経験しています。きょうはこのセミナーでのお時間を一部おかりして、創業についてお話しさせていただきたいと思います。

　既に起業、創業の基礎の基礎については学習が済んでいるということで、私のきょうの役割は皆さんにマーケティング戦略について④お話しし、最後には実際に戦略を立てていただくというところです。戦略というと難しく感じるかもしれませんけれども、何千万とか⑤数十億とかいう規模で考えるわけではありません。⑥身の丈起業ということで、身近なところから一つ一つやっていきますので大丈夫です。会場をここのスタッフさんが巡回しておりますので、⑦わからないことがあったら聞いてください。

　まずは市場機会を見つけ出すということで、環境の分析をやっていきます。3C分析って、皆さん聞いたことあるでしょうか。PEST分析なんていうのもあります。それから内部環境の分析。四つの経営資源といいますけれども、⑧ヒト、モノ、カネ、情報。助成金の書類なんかでもこうやって片仮名でヒト、モノ、カネと書いてありますね。何やらえげつない感じに⑨映りますけれども。

　そしてきょう、実際に最後にやってみていただきますのが、SWOT分析というものがあります。⑩Sはこのように強み、Wは弱み、Oが機会、[1]Tが脅威。この四つの軸で自社を取り巻く環境と内部環境を分析する手法です。

　それから次の、ターゲット市場の選択。⑪セグメンテーションといって、顧客層をグループ分けして、選定し、その顧客層の中での自社商品のポジションを見つけ出すということです。

　そして最終的に、今回のテーマであるマーケティング戦略です。4Pとか⑫4Cというのを聞いたことがありますか。4Cは⑬御存じかもしれませんが、こちら、4Pというのは、この四つの英語の頭文字をとっているのです。日本語で言うなら価格、プロモーション、製品、流通ということになります。

---

1 「Oが機会、」までで2分30秒。次の「Tが」が起こせていれば、2分30秒以上起こせているとみなす。

さらに、こちらにアルファベットでしか書いていませんけれども、マーケティング用語として⑭AIDMAの法則というのもあります。消費者の購買決定の心理的プロセスですね。注意、⑮関心、欲求、記憶、行動というプロセスがあるということです。ここについてはきょうは今しか触れませんけれども、大体このくらいの言葉を知っておいていただけると、今後の講義を受けるときも役立つかなと思います。

　では、先ほど実際にやってみていただくというお話をしました。まずは、皆さん御自身の事業ではなく、私のほうで挙げた事例についてSWOT分析をやっていただきたいと思います。こちらが事例です。⑯飲食店の事例です。主婦の⑰＝カワカミ＝さんは、出産する前は⑱パティシエの仕事をしていました。自分のお店が欲しいというのが夢だったのですが、妊娠したときにハードワークを続けられないと判断して退職し、出産しました。その後、専業主婦をしていたのですが、子供が小学校高学年になり、手を離れてきたので、自宅の周辺で以前から夢だったケーキ店を開きたいと考えました。ちょうど自宅がある地域で女性の起業支援事業が始まり、⑲当機立断ということで起業することを決意しました。そこで、⑳カワカミさんがケーキ店を開くための事業戦略を考えていきましょう。

　音声起こしに一つの完全な正解というものはありません。人によって微妙に違うのが普通です。
・段落替えの位置や句読点の位置は解答例と違っていてもよい
・表記は解答例と多少違っていてもよい（速記表記から大きくはずれた表記はNG）

第2回テスト②　チェックポイント①〜⑳に共通の採点基準
「」が使用されていたら、○ではなく△

例）チェックポイント①が　久米香　ではなく「久米香」と「」が使われていたら、△

「」の有無についての採点基準については、第2回の試験結果通知に下記のような説明が記載されました。第2回テスト②（2016年4月24日に実施された試験）の実技編のみに適用される基準ですが、カギカッコの使い方には普段から留意しましょう。

> 4/24実技編では、30個近くも「」を使った解答があるなど、カギカッコの数がばらつきました。「」は引用や作品名などに使うのが基本とされ、強調の「」はどうしても必要な箇所だけで使います。4/24の実技編チェックポイントに「」が必要な箇所はなく、「」が付いていたら部分点としました（チェックポイント以外では減点対象ではありません）。

【新】→新聞表記　【速】→速記表記

チェックポイント①

【新】【速】　久米香

話者が氏名の漢字を説明しているので、それに従う。姓と名の間にスペースを入れない。
※氏名の漢字を説明している部分は採点の対象ではない（カギカッコの有無や「香り」に「り」を付けるかどうかなど）

チェックポイント②

【新】【速】　電子機器メーカー

×「電気機器メーカー」

チェックポイント③

【新】　今日のような女性の
【速】　きょうのような女性の

○「今日のような、女性の」【新】も○「きょう」。「今日のような、昨日からでしたっけ、今日だけですね、」と発話されている。後半は独り言的な不要語とみなす。　×「様な」ここは意味的に「、」が必要な箇所。「と言う」や「訳」は×。

チェックポイント④

【新】【速】　お話しし、

「お話をし」という名詞的な「話」ではない。動詞「話す」の扱いになり、送り仮名「し」が必要。この位置に「、」は必ず必要。

チェックポイント⑤

【新】【速】　数十億

　　×「数10億」　概数は基本的に漢数字。

チェックポイント⑥

【新】【速】　身の丈起業

　　起業や創業の話題なので「身の丈企業」は×。

チェックポイント⑦

【新】　分からないこと

【速】　わからないこと

　　形式名詞としての用法であるため、「事」は×。

チェックポイント⑧

【新】【速】　ヒト、モノ、カネ

　　直後に「こうやって片仮名で」という発言があるため、資料に片仮名で表記されていると判断。
　　〇「ヒト・モノ・カネ」

チェックポイント⑨

【新】【速】　映り

　　×「写り」「移り」

チェックポイント⑩

【新】【速】　Sはこのように強み、Wは弱み

　　聞こえたとおりに「スオット分析」と検索すると「SWOT分析」についての情報がヒットする。
　　この位置の「、」は必ず必要。英字は半角の仕様であるため、全角SやWは×。

チェックポイント⑪

【新】【速】　セグメンテーション

　　ビジネス（特にマーケティング）の用語。直後の話にあるように「顧客層をグループ分け」するという意味。

チェックポイント⑫

【新】【速】 4C

仕様により、半角。全角「4Ｃ」は×。

チェックポイント⑬

【新】 ご存じかもしれませんが

【速】 御存じかもしれませんが

×「存知」 ×「知れません」

チェックポイント⑭

【新】【速】 AIDMAの法則

アルファベットで書いてあるという発言があることで、「アイドマの法則」ではなく「AIDMAの法則」が適切と判断できる。

チェックポイント⑮

【新】【速】 関心

AIDMAの法則をネット検索すると「感心」でないことが判断できる。

チェックポイント⑯

【新】【速】 飲食店

「えーと、飲食店」という発話だが「えーと」は不要語とみなす。

チェックポイント⑰

【新】【速】 ＝カワカミ＝さん

カワカミは漢字を確定できないため＝が必要。明らかに人名の話題で「さん」は敬称と特定できるため、△＝カワカミさん＝　＝カワカミサン＝

チェックポイント⑱

【新】【速】 パティシエ

洋菓子の菓子職人のこと。

チェックポイント⑲

【新】【速】 当機立断

多少聞き慣れない言葉でも、常用漢字であれば読みを添えない。

チェックポイント⑳

【新】【速】 カワカミさん

＝カワカミ＝さん などは×。＝は初出のみと仕様書にあり、ここは2回目であるため。

◆全体的な起こし方◆

■音声の2分30秒以上起こした場合は1つ20点、部分点10点。
　音声の2分30秒未満まで起こした場合は1つ10点、部分点5点。
■チェックポイントで採点された項目は、全体的な起こし方では採点されない。

A・不要な文字や記号が入力されていない

次の項目のうち、1項目当てはまっていたら部分点、2項目以上当てはまっていたら×
1) 不要な空白記号がある
2) 不要なタブ記号がある
3) 機種依存文字や環境依存文字などが使われている
4) 明らかに発言されていない言葉が挿入されている

B・句読点のバランスが取れている

次の項目のうち、1項目当てはまっていたら部分点、2項目以上当てはまっていたら×
1) 全く「。」のない部分が極端に続く
2) 全く「、」のない部分が極端に続く
3) 句読点の不適切な連続「、、」「、。」「。、」「。。」
4) 句読点に半角の「,」「.」が使われている
5) 句読点に「,」や「.」が使われている
以上に当てはまっていなければ、句読点の位置が解答例と異なっていてもよい

C・段落替えのバランスが取れている

次の項目のうち、1項目当てはまっていたら部分点、2項目以上当てはまっていたら×
1) 空白行が途中や冒頭にある
2) センテンスの途中に不要な改行マークが入っている
3) 極端に段落替えなく続く部分がある、または仕様書に指定された段落数よりかなり多い・少ない
4) 段落冒頭の空白記号が半角
5) 段落冒頭の空白記号がない
以上に当てはまっていなければ、段落替えの位置が解答例と異なっていてもよい

D・英数字の全半角が仕様に沿っている

次の項目のうち、1項目当てはまっていたら部分点、2項目以上当てはまっていたら×
1) 全角のアラビア数字がある
2) 漢数字にすべき数字「一部お借りして」「何千万」「一つ一つ」にアラビア数字が使われている
3) アラビア数字にすべき「1文字」「10年間」「15回」「3C」「4P」が漢数字になっている
※「四つ」は採点対象としない（「4つ」でもよい）
4) 全角の英字がある
5) 小文字の英字がある（今回の内容はいずれも大文字を正解とする）

E・記号の使い方が仕様に沿っている

次の項目のうち、1項目当てはまっていたら部分点、2項目以上当てはまっていたら×
 1) 仕様書に使用不可と明記されている ！ ？（笑）── を使っている
 2)「……」でなく「・・・」などを使っている
 3)「」『』()以外のカッコ類を使っている
 4) ●や＝の箇所に音声のタイムが付記されている
 5) 聴取不能箇所や確認できない箇所が、●や＝以外の記号で表現されている

【自己採点してみよう】

チェックポイント
どのチェックポイントも正解20点、部分点は10点で採点します。

全体的な起こし方
前ページ～当ページ上部のほかに、仕様書も見ながら確認しましょう。

チェックポイント（1つ20点、部分点10点）									
①	点	⑤	点	⑨	点	⑬	点	⑰	点
②	点	⑥	点	⑩	点	⑭	点	⑱	点
③	点	⑦	点	⑪	点	⑮	点	⑲	点
④	点	⑧	点	⑫	点	⑯	点	⑳	点

全体的な起こし方		
（音声の2分30秒以上起こした場合は1つ20点、部分点10点）		
（音声の2分30秒未満まで起こした場合は1つ10点、部分点5点）		
A	不要な文字や記号が入力されていない	点
B	句読点のバランスが取れている	点
C	段落替えのバランスが取れている	点
D	英数字の全半角が仕様に沿っている	点
E	記号の使い方が仕様に沿っている	点
	500点中	点

■関連書籍紹介　もっと学習したい人に！

　本書での学習は、『音声起こし技能テスト』の公式テキスト・公式問題集と併用することによって、さらに深めることができます。
　公式テキストは、仕様の解釈について具体的に解説されています。また、不要語や整えるべき言葉の処理方法について、「記録型」「雰囲気重視型」の起こし方に分けて説明されています。
　公式テキスト・公式問題集は本書と同様、教材ファイルをダウンロードして、音声を起こしながら学習することができます。

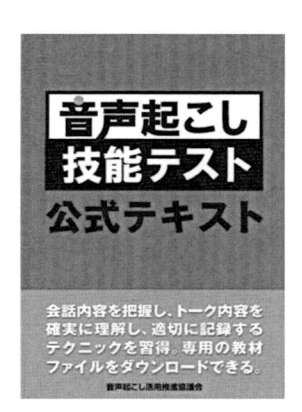

音声起こし技能テスト　公式テキスト
音声起こし活用推進協議会（監修）、エフスタイル（編集）

価格：1700円＋税
単行本：128ページ
出版社：エフスタイル

※Amazonにて発売中
（書店での取り扱いはありません）

◆内容紹介◆
　音声起こし（テープ起こし）をする際の表記や整文方法などについて、詳しく記載されています。「知識編」「実技編」の例題と問題についての丁寧な解説と、巻末に模擬試験2回分が収録されています。

音声起こし技能テスト　公式問題集
音声起こし活用推進協議会（監修）、エフスタイル（編集）

価格：1500円＋税
単行本：128ページ
出版社：エフスタイル

※Amazonにて発売中
（書店での取り扱いはありません）

◆内容紹介◆
　『音声起こし技能テスト』対策のための問題集です。「知識編」「実技編」の問題の解き方や、何を調べれば正しい答えが導き出せるかが解説されています。模擬試験4回分を収録。『音声起こし技能テスト　公式テキスト』と併用することによって、さらに学習効果が上がります。

音声起こし技能テスト® 過去問題集①

2016年7月1日　第1刷発行

監修　　　音声起こし活用推進協議会
編集・制作　株式会社エフスタイル
発行人　　長谷川志保
発行所　　株式会社エフスタイル
　　　　　〒107-0062　東京都港区南青山3-6-7-3F
　　　　　TEL 03-3478-0365　　URL http://www.f-st.biz/
印　刷　　株式会社ポプルス

© F-style　2016

乱丁・落丁本はお取り替えいたします。
本書掲載の記事、写真、音声教材等の無断複写(コピー)、複製(転載)を禁じます。本書を代行業者などの第三者に依頼してデジタル化することは、たとえ個人や家庭内の利用でも著作権法違反です。

ISBN　978-4-9904934-4-8　　Printed in Japan
「音声起こし技能テスト」は登録商標です